スペイン語で読む
星の王子さま

El Principito

星の王子さま
El Principito

サン＝テグジュペリ
著

セシリア・フェルナンデス＝フノ
スペイン語訳

スペイン語訳
Cecilia Fernández-Juno

●

録音スタジオ
巧芸創作

●

ナレーター
Contreras Garcia Carlos

●

解説
中園竜之介

●

協力
(株)スパニッシュコミュニケーションズ

本書は、内藤濯氏による邦訳『星の王子さま』(初出：岩波少年文庫、1953年) のタイトルを、
日本語タイトルとして使わせていただきました。
長く愛される素晴らしい名訳を生み出した内藤氏に、敬意と感謝を表します。

Le Petit Prince™ Succession Antoine de Saint-Exupéry 2007
Licensed by ㈱ Le Petit Prince™ 星の王子さま™

この本で利用されている図版はすべてサン＝テグジュペリ権利継承者から原版を提供され、複製されたものです。

はじめに

　『星の王子さま』は、フランス人作家 Antoine de Saint-Exupéry (1900–1944) が書いた小説です。平易な表現で寓話のスタイルを用いながら人間性の本質を問いかける名作として、子どもから大人まで、全世界で読まれています。

■ 本文はサン＝テグジュペリが書いた原文の味わいを保ちつつ、読みやすくシンプルなスペイン語にリライトされています。日本語訳は、物語としてのトーンを損なわないように逐語訳を避け、意訳している個所もあります。

■ 各ページの欄外には単語の解説があります。またパート毎に、「役立つ表現」として、ポイントとなる表現をまとめてあります。

■ さらに音声でサン＝テグジュペリの世界を感じていただくために、ネイティブのスペイン人の朗読音声をダウンロードしてお聞きいただけます。

学習方法について

　本書は、スペイン語の基本的文法をひと通り学んだ学習者が、復習をしながら読解力を向上させていけるよう構成されています。

　ストーリーを知っていても、いざスペイン語で読み直すとなると、短い文やパラグラフの中に、日本語からは発想できないようなスペイン語独特の難しさや味わいがあることに気づくでしょう。訳文と見比べながら、これまで学んできた線過去、点過去、過去未来、接続法といった時制が、どのような使われ方をしているのかを確かめてみてください。本書をくりかえし読みながら感じることで、なぜこれまで面倒な文法を頭に詰め込んできたのかが少しずつ納得できるのではないでしょうか。

　単語の解説や「役立つ表現」では、効率よく学習できるように、類似表現や言い換え表現を、例文を使って説明しています。例文を読み、それぞれの文のイメージを頭の中にたたきこみましょう。そうすることで、いざというときに必要な単語や慣用表現が自分のスペイン語として口やペン先から出てくるものです。

　外国語ですらすらと本を読むようになりたいと思っても、読解力は一朝一夕に身につきません。なにしろ日本語で生活している私たちがスペイン語で理解したり考えたりする時間は一日のうちわずかです。したがって継続性と効率性を重視した学習を日々重ねていくことが望ましいといえます。一日のうち、短い時間でも毎日根気よく続けて、外国語で『星の王子さま』を読む楽しさをぜひ体感してみてください。

＊本書は左ページにスペイン語、右ページに日本語を配し、対照して読み進めていただけるようつくられています。必ずしも同じ位置から始めることは難しいのですが、なるべく該当の日本語が見つけやすいように、ところどころ行をあけるなどして調整してあります。

目次

本書の構成

本書は、

☐ スペイン語本文に対応する日本語訳　　☐ 欄外の語注

☐ パート毎のフレーズ解説　　☐ MP3形式のスペイン語音声

で構成されています。

本書は、サン＝テグジュペリ原作の『星の王子さま』をやさしいスペイン語で書きあらためた本文に、日本語訳をつけました。

各ページの下部には、スペイン語を読み進める上で助けとなるよう単語・熟語の意味が掲載されています。またスペイン語と日本語の段落のはじまりが対応していますので、日本語を読んでスペイン語を確認するという読み方もスムーズにできるようになっています。またストーリーの途中にスペイン語解説がありますので、本文を楽しみながら、スペイン語の使い方などをチェックしていただくのに最適です。

各チャプターのQRコードをスマートフォンなどで読み取ると、そのチャプターのスペイン語テキストの音声を聞くことができます。また、PCなどに一括でダウンロードすることもできますので、スペイン語の発音を確認しながら読むことができます。

●音声一括ダウンロード●

本書の朗読音声（MP3形式）を下記URLとQRコードから無料でPCなどに一括ダウンロードすることができます。

https://ibcpub.co.jp/audio_dl/0783/

※ダウンロードしたファイルはZIP形式で圧縮されていますので、解凍ソフトが必要です。

※MP3ファイルを再生するには、iTunesやWindows Media Playerなどのアプリケーションが必要です。

※PCや端末、ソフトウェアの操作・再生方法については、編集部ではお答えできません。付属のマニュアルやインターネットの検索を利用するか、開発元にお問い合わせください。

星の王子さま

El Principito

A Léon Werth

Espero que los niños me disculpen por haber dedicado este libro a un adulto. Tengo una muy buena excusa: este adulto es el mejor amigo que tengo en el mundo. Tengo también una segunda excusa: este adulto comprende todo, incluso los libros para niños. Mi tercera excusa es la siguiente: este adulto vive en Francia, donde pasa hambre y frío. Necesita que le animen. Pero si estas razones no fueran suficientes, entonces dedico este libro al niño que él fue hace tiempo. Todos los adultos fueron niños alguna vez. (Pero pocos lo recuerdan).

Por tal motivo escribo:

A Léon Werth
cuando era niño.

■disculpen>disculpar 許す ■dedicado, dedico>dedicar 捧げる ■incluso 〜を含めて、〜さえ ■pasa>pasar 耐える、忍ぶ ■animen>animar 元気づける
■razones>razón 理由 ■alguna vez かつて、昔

レオン・ヴェルトに捧ぐ

　この本をあるおとなに捧げて書くことを、子どもたちに許してほしいと思う。言い訳もちゃんとある。このおとなは、ぼくの世界一の親友なんだ。二つ目の言い訳としては、このおとなは何でもよくわかっていて、子どもの本だってちゃんと理解しているということ。三つ目は、彼が今、フランスにいて、ひもじくて寒い思いをしているということだ。彼には元気づけが必要なんだ。それでも理由が足りなかったら、この本は、子どもだった頃の彼に捧げるとしよう。おとなも皆、昔は子どもだった。（そのことを憶えているおとなは少ないけどね）

　だから、こういうことにしよう。

　子どもだったころのレオン・ヴェルトに捧ぐ

Parte 1

---- ✳ ----

Capítulo 1-4

Capítulo I

Cuando yo tenía seis años vi una ilustración hermosa en un libro. El libro se llamaba Historias Vividas. La ilustración mostraba a una serpiente boa devorando a una fiera. Aquí está el dibujo:

En el libro leí: "Las serpientes boa se tragan a su presa entera, sin masticarla. Después de haber comido, no pueden moverse porque están muy llenas. Deben descansar durante los próximos seis meses".

Reflexioné mucho sobre esto. Luego usé un lápiz de color para trazar mi primer dibujo. Mi Dibujo Número 1. Se veía así:

■mostraba>mostrar 示す ■serpiente 蛇 ■devorando>devorar むさぼる ■fiera 肉食獣 ■dibujo 絵、図 ■leí>leer 読む ■se tragan>tragarse 飲み込む ■presa 獲物 ■masticarla>masticar 噛む ■llenas>lleno 満腹で ■reflexioné>reflexionar 熟考する ■trazar（図形を）描く ■se veía>verse 見える

第 1 章

　ぼくは 6 歳のころ、本で素敵なさし絵を見た。『ほんとうのおはなし』という本で、大蛇ボアが、野生の動物を食べている絵だった。これがその絵だ。

　説明のところには、「ボアは食べ物を一口で丸のみします。食べた後は、満腹すぎて動けません。その後、6 か月は休んでいなくてはならないのです」と書いてあった。

　ぼくは、長いこと一生懸命考えた。それから、色えんぴつを使って初めての絵を描いたのだ。ぼくの絵の第 1 号は、こんな感じだった。

Les mostré mi maravilloso dibujo a algunos adultos. Les pregunté si mi dibujo les daba miedo.

Ellos respondieron: —¿Por qué habría de darme miedo un sombrero?

Yo no había dibujado un sombrero. Mi dibujo mostraba una serpiente boa que se había comido a un elefante. Entonces hice un segundo dibujo. Para que los adultos pudieran entenderlo, mi segundo dibujo mostraba el interior de la misma serpiente boa. Los adultos siempre necesitan ayuda para entender las cosas. Mi Dibujo Número 2 se veía así:

Los adultos me dijeron que dejara de dibujar el interior o exterior de serpientes boa. Me dijeron que, en su lugar, aprendiera matemática, historia y geografía. Así es como, a la edad de seis años, abandoné mi sueño de convertirme en pintor. Lo abandoné porque el Dibujo Número 1 y el Dibujo Número 2 no fueron un éxito. Los adultos nunca entienden nada por sí mismos. Y los niños se cansan de explicarles las cosas una y otra vez.

En lugar de convertirme en pintor, aprendí a volar aviones. Volé por todo el mundo. Y es cierto que la geografía ha resultado ser muy útil. Puedo diferenciar a primera vista a China de Arizona. Esta información es muy práctica cuando te pierdes durante la noche.

■maravilloso 見事な、素晴らしい　■daba miedo>dar miedo 怖がらせる
■respondieron>responder 答える　■hice>hacer 作る　■dejara de...>dejar de... ～するのを止める　■en su lugar その代わりに　■así es como そういうわけで　■convertirme en>convertirse en ～になる、～に変わる　■por sí mismo 自分自身で

ぼくは、この素晴らしい絵を何人かのおとなに見せた。これを見て、怖いかどうか聞いたのだ。

答えはこうだった。「何で帽子が怖いのさ？」

ぼくは帽子を描いたんじゃない。これは、象を食べた大蛇ボアなのだ。仕方がないから、2枚目の絵を描いた。おとなでもわかるように、同じボアの、今度は中身まで描いてやった。おとなって、助けてもらわないと何もわからないのだ。ぼくの第2作目は、こんな感じだった。

おとなたちはぼくに、ボアの内も外も描くのはやめるように言った。代わりに数学と歴史と地理をやれって。こういうわけで、ぼくは6歳にして絵描きになる夢を断念した。第1号も第2号もうまくいかなかったからだ。おとなって、自分だけでは何もわからないのだ。それで子どもたちは、何度も何度も説明するのが嫌になるのだ。

絵描きになる代わりに、ぼくは飛行機の乗り方を覚えた。そして世界のあらゆるところへ飛んだ。地理はとても役に立った。ぼくは、ちらっと見ただけで中国とアリゾナの違いがわかるんだからね。夜、迷った時は、これでずいぶん助かるよ。

■se cansan de>cansarse de　～にうんざりする　■en lugar de... ～の代わりに
■volar(<volé) 飛ばす　■ha resultado>resultar　～であるとわかる　■diferenciar 識別する　■a primera vista 一目で　■te pierdes>perderse 道に迷う

17

A lo largo de mi vida he conocido a mucha gente importante. He vivido entre los adultos por un largo tiempo. Les he conocido de cerca. Esto no ha mejorado mi opinión sobre ellos.

Cuando me encontraba con un adulto que parecía tener algo de sentido común, entonces hacía una pequeña prueba: Le mostraba el Dibujo Número 1 al adulto. Quería ver si el adulto realmente comprendía. Sin embargo, el adulto siempre respondía: "Eso es un sombrero". Por lo tanto, no le hablaba de serpientes boa, fieras o estrellas. En cambio, hablaba de cosas que les interesan a los adultos. Hablaba de golf, la sociedad y la ropa. Y el adulto se quedaba siempre muy contento de conocer a un hombre tan agradable.

 # Capítulo II

Durante muchos años mi vida fue solitaria. No tenía a nadie con quien verdaderamente hablar. Luego, hace seis años, mi avión tuvo una avería en el desierto del Sahara. Estaba completamente solo. Supe que tenía que reparar el avión por mí mismo, sin ninguna ayuda. Era una cuestión de vida o muerte. Tenía una pequeña cantidad de agua para beber que solo duraría unos ocho días.

■a lo largo de 〜の間中ずっと　■por un largo tiempo 長い間　■algo de いくらかの、多少の　■sentido común 常識　■prueba 試み、試験　■sin embargo しかし　■por lo tanto したがって　■agradable 楽しい　■solitaria>solitario 孤独な　■avería 故障

　ぼくは、今まで偉い人にたくさん会った。おとなたちに混じって長いこと暮らして、彼らを間近で見てきた。それでも、おとなに対するぼくの意見はましにならなかった。

　もののわかりそうなおとなに会うと、必ずちょっとしたテストをやった。ぼくの絵の第1号を見せたのだ。この絵が本当にわかる人かどうか見たかった。でも、反応はいつも同じだった。「帽子だね」。そこでぼくは、大蛇ボアのことも、野生の動物も、星のことも話さないことにする。代わりに、おとなが興味を持ちそうな話をしてやるのだ。ゴルフだの、社交界だの、洋服だの。そうすると決まっておとなは、とても感じのいい人に会ったと大喜びするのだ。

第 2 章

　何年もの間、ぼくの人生は孤独だった。ほんとうに話せる相手はだれもいなかった。そして6年前、ぼくの飛行機はサハラ砂漠で故障した。ぼくは全くのひとりぼっちだった。だれの助けもなく、自力で飛行機を直さなければならないとわかっていた。生きるか死ぬかだ。飲み水はほんのわずかしかない。8日くらいしかもたないだろう。

■desierto 砂漠　■reparar 修理する　■cuestión 問題　■cantidad 量
■duraría>durar 持ちこたえる

La primera noche en el desierto me dormí rápidamente. Estaba muy cansado. Me encontraba a kilómetros de distancia de cualquier sitio o persona. Estaba más aislado que un náufrago en una balsa en medio del océano. Imaginad entonces mi asombro cuando una vocecita extraña me despertó por la mañana. La voz dijo:

—¡Por favor… dibújame un cordero!

—¿Qué?

—Dibújame un cordero…

Me puse en pie de un salto. Y vi a un extraordinario muchachito que me observaba. Este es el mejor retrato que logré hacer de él. Lo hice luego. Por supuesto, mi dibujo no es perfecto. Los adultos hicieron que dejara de dibujar a la edad de seis años, cuando no había aprendido a dibujar nada excepto el interior y el exterior de serpientes boa.

■sitio 場所　■aislado 孤独な　■náufrago 漂流者、遭難者　■balsa 渡し船、いかだ　■en medio de… 〜の真ん中で　■asombro 驚き　■vocecita : voz＋縮小辞　■cordero 子羊　■puse en pie>ponerse en pie 立ち上がる　■de un salto ひとつ跳びに　■muchachito : muchacho＋縮小辞　■observaba>observar 観察する　■retrato 肖像画　■logré…>lograr… 〜し遂げる、〜することができる

　砂漠での最初の晩、ぼくはすぐ眠りについた。疲労こんぱいしていたのだ。
だれからも、どこからも、何千キロも離れたところにぼくはいた。大洋の真
っ只中の小船にひとりぼっちでいる船乗りよりも、もっと孤独な気がした。
だから朝方、小さな聞き慣れない声に起こされた時、ぼくがどれほど驚いた
かわかるだろう。その声は言った。

「お願いだよ……ヒツジを描いて！」

「何だって？」

「ヒツジを描いてよ……」

　ぼくはびっくり仰天して立ち上がった。見たこともない男の子がぼくをじ
っと見ていた。できるだけ似せて描いたのがこれだ。後になってから描いた
のだ。ぼくの絵はもちろん、完ぺきからはほど遠い。なにせ6歳のとき、ま
だ大蛇ボアの内と外しか描けない段階で、おとなから絵を描くのをやめさせ
られたんだからね。

Miré a este muchachito con gran asombro. Recordad que me encontraba en el desierto, a miles de kilómetros de distancia de cualquier sitio o persona. Pero este joven no parecía estar perdido o cansando, ni hambriento ni asustado. No parecía un niño perdido en medio del desierto. Cuando finalmente pude hablar, le dije:

—Pero… ¿qué haces tú aquí?

Él dijo, nuevamente:

—Por favor… dibújame un cordero…

Hice lo que él me pidió. Busqué en mi bolsillo. Saqué una hoja de papel y un bolígrafo. Pero luego recordé algo: aunque yo había aprendido muchas cosas en la escuela, no sabía cómo dibujar. Se lo dije con un poco de enfado. Pero él contestó:

—Eso no importa. Dibújame un cordero.

Como nunca había dibujado un cordero, hice para él uno de los dos dibujos que sabía que podía hacer: el del exterior de la serpiente boa que se había comido a un elefante. Él lo miró. Quedé estupefacto cuando le oí decir:

—¡No, no! No quiero una serpiente boa que se ha comido a un elefante. Las serpientes boa son muy peligrosas y los elefantes son muy grandes. Donde yo vivo todo es muy pequeño. Necesito un cordero. Dibújame un cordero.

Entonces dibujé un cordero.

Lo miró atentamente y dijo:

—¡No! Parece enfermo. Dibuja otro.

■asombro 驚き ■recordad>recordar 思い出す ■hambriento 飢えた、空腹の
■asustado>asustar 驚かせる ■nuevamente ふたたび ■busqué>buscar 探す ■hoja
紙片 ■aunque 〜にも関わらず ■enfado 怒り、不愉快 ■contestó>contestar 答える

　ぼくは、あっけに取られてこの子を見つめた。ぼくが、だれからもどこからも何千キロも離れた砂漠にいたことを思い出してくれ。なのにこの子は、道に迷ったり、疲れたり、腹が減ったり、怖かったりという様子がなかった。どう見ても、砂漠の真ん中で道に迷った子どもには見えない。ようやく口をきけるようになったとき、ぼくは言った。

　「でも……ここで何してるんだ？」

　その子はまた言った。

　「お願いだよ……ヒツジを描いて……」

　ぼくは言われたとおりにした。ポケットを探って、紙きれとペンを取り出した。ところがそこで、あることを思い出したのだ。学校ではいろんなことを習ったが、絵の描き方はわからない。ぼくはちょっと不機嫌な声で、男の子にそう言った。でも答えはこうだった。

　「そんなこと、関係ないよ。ヒツジを描いてよ」

　ぼくはヒツジを描いたことがなかったので、描けるとわかっている２枚のうちの１枚を描いた。象を飲み込んだ大蛇ボアの外側を描いたのだ。男の子はそれをながめた。そして、驚いたことにこう言ったのだ。

　「違う、違うよ！　象を飲み込んだボアの絵なんかほしくないよ。ボアはとても危険なやつだし、象は大きすぎる。ぼくの住んでいるところは、何でもとても小さいんだからね。ぼくがほしいのはヒツジなんだよ。ヒツジを描いてよ」

　そこでぼくはヒツジを描いた。

　男の子は、注意深く見て、こう言った。

　「だめだよ。このヒツジは病気みたいじゃないか。別なのを描いてよ」

Entonces dibujé otro.

Mi nuevo amigo sonrió y dijo:

—Eso no es un cordero: es un carnero. Tiene cuernos.

Dibujé otro dibujo. Pero este tampoco le gustó:

—Ese cordero es demasiado viejo. Quiero un cordero que viva por mucho tiempo.

Yo tenía prisa. Quería reparar mi avión. Así que, rápidamente, hice el dibujo que se encuentra a continuación y le dije:

—Esta es una caja. El cordero que quieres está adentro.

Me sorprendí al ver que su rostro se iluminaba:

—¡Es exactamente lo que yo quería! ¿Crees que este cordero necesitará mucho de comer?

—¿Por qué?

—Porque todo es muy pequeño en el sitio de donde yo vengo.

—Este cordero no necesitará mucho de comer. Te he dado un cordero muy pequeño.

Él observó el dibujo con atención:

—No es tan pequeño realmente… ¡Mira! Se ha quedado dormido…

Y así fue como conocí al principito.

■carnero 牡羊、雄羊 ■cuerno 角 ■tenía prisa>tener prisa 急ぐ ■rostro 表情、顔
■se iluminaba>iluminarse（顔が）輝く ■se ha quedado>quedarse ～の状態になる

そこで別なのを描いた。

ぼくの新たな友達は微笑んで、言った。

「これは普通のヒツジじゃないよ——牡ヒツジじゃないか。角がついてるよ」

ぼくはまた描いた。でもこれも、男の子には気に入らないらしかった。

「このヒツジは年を取りすぎてるよ。長いこと生きるヒツジがほしいんだ」

ぼくは急いでいた。飛行機を修理したかったのだ。だから、下のような絵を手早く描いて、こう言った。

「これは箱だよ。きみのほしがってるヒツジはこの中にいるよ」

男の子の顔が輝いたので、びっくりした。

「これがほしかったんだよ！　このヒツジはたくさん食べると思う？」

「なぜだい？」

「だってぼくのいたところでは、何もかもがとても小さいんだもの」

「このヒツジはあんまりたくさん食べないよ。とても小さなヒツジをあげたんだから」

男の子は、その絵をじっと見ていた。

「そんなに小さくないよ……見て！　眠っちゃった……」

ぼくはこうして、小さな王子さまと出逢ったのだった。

Capítulo III

Me llevó mucho tiempo descubrir de donde venía.

El principito me hacía muchas preguntas, pero jamás parecía oír las mías. Descubrí cosas sobre él a través de palabras dichas al azar. Cuando él vio mi avión por primera vez (no intentaré dibujar mi avión, ya que se trata de un dibujo demasiado complicado para mí), me preguntó:

—¿Qué es esa cosa?

—Eso no es una cosa. Eso vuela. Es un avión, mi avión.

Me sentía orgulloso de decirle que yo sabía cómo volar.

Él gritó: —¡Cómo! ¿Has caído del cielo?

—Sí —le dije.

—Oh, ¡qué gracioso…!

Y el principito comenzó a reír, lo cual no me gustó. Quiero que mis problemas se tomen en serio. Finalmente, él dijo:

■a través de ～を通じて ■al azar でたらめに、行き当たりばったりに ■orgulloso 自慢して ■gritó>gritar 叫ぶ ■en serio 真剣に

第 3 章

　王子さまがどこから来たのか、知るにはとても時間がかかった。

　王子さまはぼくにたくさんの質問をしたけれど、ぼくの質問は聞こえない
みたいだった。ぼくが王子さまについて知ったことは、彼が何気なく言った
ことから偶然にわかったのだ。ぼくの飛行機を初めて見たとき（飛行機の絵
を描くのはやめにしておく。難しすぎるからね）、王子さまは言った。

　「あそこにあるあれ、なあに？」

　「あれじゃないよ。飛ぶんだよ。飛行機だ。ぼくの飛行機だよ」

　ぼくは、自分が飛行機に乗れると言うのが誇ら
しかった。

　王子さまは叫んだ。「なんだって？
きみは空から落ちてきたの？」

　「そうだよ」ぼくは言った。

　「そうか！　それは面白い」

　そして小さな王子さまは笑い始めた
が、ぼくは気に入らなかった。人の問題
は深刻に受けとめてほしいものだ。つい
に王子さまは言った。

—¡Entonces tú también vienes del cielo! ¿De qué planeta eres tú?

Con esta información pude saber un poco más sobre la misteriosa presencia del principito. Rápidamente le pregunté:

—¿Entonces vienes de otro planeta?

Pero él no dijo nada. Luego, mientras miraba mi avión, respondió amablemente:

—Es cierto que no puedes haber venido de muy lejos…

Y no volvió a hablar por un largo tiempo. Sacó mi dibujo del cordero de su bolsillo y lo contempló con placer.

Yo estaba muy interesado en lo que el principito había dicho sobre "otros planetas". Quería saber más, entonces le pregunté:

—Mi pequeño amigo, ¿de dónde vienes? ¿Dónde está tu hogar? ¿A dónde quieres llevar mi cordero?

Después de un momento, respondió:

—Es bueno que me hayas dado la caja para el cordero. Por la noche, la puede usar de casa.

—Si, por supuesto. Y si eres bueno, te daré algo para atarlo durante el día.

Esta proposición pareció escandalizar al principito.

—¿Atarlo? ¡Qué idea más extraña!

■planeta 惑星 ■presencia 存在 ■amablemente 優しく、親切に ■sacó>sacar 取り出す ■contempló>contemplar 眺める ■con placer 嬉しそうに ■atarlo>atar つなぐ、縛る ■proposición 提案 ■escandalizar ショック[衝撃]を与える

「じゃ、きみも空から来たんだね！　どの惑星から？」

　わからないことだらけの王子さまの、これは新しい情報じゃないか。ぼくはすばやくたずねた。

　「じゃ、きみは別の惑星から来たんだね？」

　でも王子さまは何も言わなかった。そして、ぼくの飛行機を見ながらやさしい声で答えた。

　「確かに、きみはあまり遠くから来られたはずがないね……」

　それきり長い間しゃべらなかった。ポケットからぼくが描いたヒツジの絵を取り出して、嬉しそうにながめていた。

　ぼくは、王子さまが「他の惑星」と言ったことに興味しんしんだった。もっと知りたくて、たずねてみた。

　「ねえきみ、きみはどこから来たの？　きみのおうちはどこ？　ぼくのヒツジをどこへ連れて行くの？」

　しばらくして、王子さまは答えた。

　「ヒツジ用の箱をくれて嬉しいよ。夜になれば、ヒツジ小屋に使えるもの」

　「もちろんだとも。きみがいい子なら、昼の間、ヒツジをつないでおくものを描いてあげるよ」

　ぼくの申し出は、王子さまにはショックだったようだ。

　「つないでおく？　なんておかしな考えだろう！」

—Pero si no lo atas se irá quien sabe dónde. Se podría perder.

Mi amigo comenzó a reír nuevamente.

—¿A dónde crees que irá?

—A cualquier sitio. En línea recta hacia adelante.

El principito dijo con seriedad:

—Eso no importa, ¡todo es muy pequeño donde yo vivo!

Y con una voz un poco triste, agregó:

—Si va en línea recta hacia adelante, no irá muy lejos…

 # Capítulo IV

Así había descubierto una importante segunda pieza de información: ¡su planeta era apenas más grande que una casa!

Esto no me sorprendió. Si bien hay planetas más grandes, como la Tierra, Júpiter, Marte y Venus, también hay cientos de planetas más pequeños. Cuando los astrónomos descubren uno de estos planetas pequeños, les ponen por nombre un número. Por ejemplo, lo llaman Asteroide 3251.

■recta>recto まっすぐに　■había descubierto>descubrir 発見する　■apenas ほとんど～ない　■astrónomo(s) 天文学者　■asteroide 小惑星

「でもつないでおかなかったら、歩き回ってしまうよ。いなくなってしまうかも知れない」

王子さまはまた笑い出した。

「どこへ行くと思うの？」

「どこでも。ずうっとまっすぐかもしれない」

小さな王子さまは、重々しく言った。

「それは問題にならないよ——ぼくのところは、なんでも本当に小さいんだからね！」

そして、悲しげにも聞こえる声で、付け加えた。

「まっすぐ進んでも、あまり遠くへは行けないよ……」

第 4 章

これで、二つ目に大事な情報がわかったのだった。王子さまの惑星は、家一軒よりちょっと大きいくらいなのだ！

これには、ぼくは驚かなかった。地球や木星、火星、金星のような大きな惑星がある一方で、何百もの小惑星があることを知っていたからだ。天文学者はこういう小さい惑星を発見したら、名前じゃなくて、数字をつける。惑星3251みたいにね。

Tengo motivos para creer que el principito era de un pequeño planeta llamado Asteroide B612. Este asteroide ha sido visto sólo una vez, en 1909. Fue visto por un astrónomo turco. El astrónomo presentó su hallazgo en el Encuentro Internacional de Astronomía. Pero nadie le creyó debido a su vestimenta turca. Los adultos son así.

Pero afortunadamente para el porvenir del Asteroide B612, un gobernante turco hizo que su pueblo se vistiera con ropas de occidente. El astrónomo volvió a presentar su hallazgo en 1920. Llevaba un traje hermoso. Y esta vez todos le creyeron.

Os cuento sobre este asteroide y su número oficial a causa de los adultos. A los adultos les encantan los números. Cuando les habláis sobre un amigo nuevo nunca hacen preguntas importantes. Nunca preguntan: "¿Qué tono tiene su voz? ¿Qué juegos prefiere? ¿Le gusta coleccionar mariposas?". En cambio, preguntan: "¿Qué edad tiene?

■motivo(s) 動機、理由 ■turco トルコの ■hallazgo 発見 ■debido a ～のせいで
■afortunadamente 幸運なことに ■porvenir 未来 ■gobernante 統治者

ぼくには、王子さまが惑星B612から来たのだと信じる理由がある。この惑星は、1909年に一度だけ観測された。トルコの天文学者が観測したのだ。その学者は、国際天文学会議で自分の発見を発表した。ところがトルコの民族衣装を着ていったので、だれも彼の言うことを信じなかった。おとなって、そういうものなんだ。

惑星B612の未来のためには幸いなことに、トルコの支配者が、トルコ臣民は西洋の洋服を着なければならないことにした。さっきの天文学者は、1920年にもう一度、発見報告をした。とてもかっこいいスーツを着ていた。そしたら、だれもが信じたんだよ。

ぼくがこの惑星の背景と公式番号の話をしたのは、おとなたちのためだ。おとなは数字が大好きだからね。新しい友達ができたとき、おとなは肝心なことはぜんぜん聞かないんだ。「その子の声はどんな感じ？ どういう遊びが好き？ 蝶を集めたりする？」なんてことは、絶対に聞かない。代わりに、「年はいくつ？ お兄さんやお姉さんは何人いる？ 体はどのくらい大き

■occidente 西洋 ■creyeron>creer 信じる ■a causa de... ～が原因で ■tono（声の）調子 ■coleccionar 収集する

¿Cuántos hermanos y hermanas tiene? ¿Cuánto pesa? ¿Cuánto ganan sus padres?". Solamente así creen conocerle. Si decís a los adultos: "Vi una casa hermosa, hecha de piedra rosa, con flores en las ventanas…", ellos no podrán imaginarse esta casa. Tenéis que decirles: "Vi una casa que vale cien mil euros". Entonces los adultos dicen: "¡Qué casa más bonita!"

De esta forma, si decís a los adultos: "Sé que el principito era real porque él era hermoso, reía y quería un cordero. Cuando alguien quiere un cordero, eso es prueba de que es real", no os creerán. Os tratarán como niños. Pero si decís: "Él viene del Asteroide B612", entonces los adultos os creerán y dejarán de hacer preguntas. Los adultos son así. No hay que reprocharles eso. Los niños deben ser amables con los adultos.

Pero, por supuesto, nosotros, que sabemos comprender la vida, nos burlamos de los números. Me hubiera gustado comenzar este libro como una historia hermosa. Me hubiera gustado escribir:

"Había una vez un principito. Vivía en un planeta que apenas era más grande que él y necesitaba un amigo…" Para aquellos que comprenden la vida, esto hubiera parecido más real.

★

■reprocharles>reprochar 非難する　■burlamos de...>burlar de... ～をばかにする、から かう

い？　ご両親はいくらくらい稼ぐの？」っていうことばかり聞くんだ。こういう数字を聞いて初めて、その子のことがわかったような気になるんだよ。「窓辺に花がかざってあって、バラ色の石でできた素敵な家を見たよ……」と言ったら、おとなはどんな家か想像もつかないだろう。彼らにわからせるには、「10万ユーロもする家を見たよ」と言わなけりゃならないんだ。そうしたら「なんて素敵な家だろう！」って言うよ。

　だからもし、「小さな王子さまが本物だってことは、王子さまが素敵で、笑って、ヒツジをほしがったからわかるよ。ヒツジをほしがるってことは、本物だってことだよ」なんて言ったら、おとなは信じないだろう。きみを子ども扱いするに決まってる。でももし、「惑星B612から来たんだよ」と言えば、おとなは信じるだろうし、いろいろ質問してこなくなるだろう。おとなって、そういうものなのだ。責めちゃあいけないよ。子どもはおとなにやさしくしてあげなきゃ。

　もちろん、人生のことがわかってるぼくらは、数字なんか笑い飛ばすよ。この本は、美しいお話として始めたかったな。こういう出だしのね：

　「昔々、あるところに小さな王子さまがおりました。自分よりちょっと大きいだけの惑星に住んでいて、友達をほしがっていました……」人生ってものがわかってる人には、この方がもっと現実味があったと思うよ。

Nadie debería leer mi libro en un tono jocoso. Escribir sobre esto me pone bastante triste. Ya han pasado seis años desde que mi amigo partió con su cordero. Escribo ahora sobre él para no olvidarlo. Olvidar a un amigo es algo muy triste. No todos han tenido un amigo. Y así podría llegar a convertirme en un adulto que no se interesa en nada excepto en las cifras. Por esa razón he comprado una caja de pinturas y lápices de colores.

¡Es difícil empezar a dibujar a mi edad, luego de haber dibujado sólo el exterior e interior de serpientes boas! Intentaré hacer mis dibujos lo mejor posible. Pero es probable que no tenga éxito. Un dibujo está bien. El siguiente no se parece al principito en absoluto. Aquí está demasiado alto. Allí está demasiado pequeño.

Además, no estoy seguro del color de su ropa. Continúo haciendo lo mejor que puedo. Probablemente cometeré algunos errores. Pero debéis disculparme. Mi pequeño amigo nunca me explicó estas cosas. Posiblemente pensó que yo era como él. Posiblemente pensó que yo comprendía todo por mí mismo. Pero no puedo ver el cordero dentro de la caja. Tal vez yo sea un poco como los adultos. Tuve que crecer.

■jocoso おどけた、ふざけた ■partió>partir 出発する、去る ■excepto ～を除いて
■cifra 数字 ■luego de ～の後で ■siguiente 次（のもの） ■en absoluto 絶対に、完全に
■cometeré>cometer （過ちなどを）犯す

36

　だれも、ふざけた気持ちでぼくの本を読んじゃいけないよ。これを書きながら、ぼくは本当に悲しいんだから。ぼくの友達が、ヒツジを連れていなくなってから、もう6年が過ぎた。今、書いているのは王子さまのことを忘れないためだ。友達のことを忘れるのは悲しいことだ。だれもが友達を持てるわけじゃない。ぼくだって、数字のことしか興味のないおとなみたいになるかもしれないしね。だから絵の具箱と色えんぴつを買ってきたんだ。

　ぼくの年になって絵を始めるのは楽じゃない。しかも、大蛇ボアの内と外しか描いたことがないんだからね！　できるだけ上手に描くようにがんばるよ。でもたぶんうまくいかないだろう。1枚目はまだいいんだ。ところが2枚目は、小さな王子さまとは似ても似つかない代物になる。次の絵では背が高すぎる。次の絵は小さすぎ。

　それに、王子さまの服の色合いがはっきりわからない。そんな具合に、ぼくは一生懸命描き続ける。いくつか、間違いもするだろう。でも許してくれないといけないよ。ぼくの友達の王子さまは、こういうことを一度も説明してくれなかったんだからね。きっと、ぼくのことを自分と同じだと思ったのだろう。ひとりでなんでもわかっていると思ったのだ。でもぼくには、箱の中のヒツジが見えない。おとなみたいになってしまったのかもしれない。ならなきゃいけなかったんだよ。

覚えておきたいスペイン語表現

> Reflexioné mucho sobre esto. (p.14, 下から2行目)
> ぼくは、長いこと一生懸命考えた。

【解説】reflexionarは「深く考える」という意味の自動詞で、何か具体的な物事について熟考する場合にはsobre（〜について）を後ろにつけます。文中にはさらにmucho（たくさん）が入っていますので、6歳の少年が、獲物を一口で飲みこんだ大蛇ボアのようすを一生懸命考えている姿が目に浮かびますね。

【例文】
① Reflexioné sobre lo que le había dicho a Jorge.
ぼくは、ホルヘに言ったことを反省した。

② Hay que reflexionar bien antes de actuar.
行動を起こす前にじっくり考える必要がある。

> Así es como, a la edad de seis años, abandoné mi sueño de convertirme en pintor. (p.16, 下から9–8行目)
> こういうわけで、ぼくは6歳にして絵描きになる夢を断念した。

【解説】Así es como（というわけで）は前の文章を受けて、理由を表すことができる非常に便利な表現です。「ぼく」が絵描きになる夢を断念していなかったら、王子さまとの出会いはまた別の形になっていたかもしれませんね。

【例文】
① Así es como empezamos a ser novios.
こうしてぼくたちは恋人になった。

② Y así fue como conocí al principito. (p.24, 最終行)
ぼくはこうして、小さな王子さまと出逢ったのだった。

③ Así es como España entró en el Siglo del Oro.
このようにして、スペインは黄金世紀に突入した。

＊ スペイン黄金世紀とは15世紀から17世紀にかけてのスペインの美術、音楽、文学が発展した時期のことです。

> Puedo diferenciar a primera vista a China de Arizona. （p.16, 下から2行目）
> ぼくは、ちらっと見ただけで中国とアリゾナの違いがわかるんだからね。

【解説】a primera vista（一目見て、一見して）は、ビジネスでも日常会話でも使える非常に便利な表現です。diferenciar Ⓐ de Ⓑ は「ⒶをⒷと区別する」という意味です。

【例文】

① A primera visita se notaba que se encontraba un error crucial en el documento.
文書に重大な間違いがあることは明らかだった。

② Me enamoré a primera vista del señor tan elegante.
私はその気品漂う男性にひと目ぼれした。

＊ 「ひと目ぼれ」とだけ言うときは、amor a primera vistaと言います。

> tener sentido común （p.18, 4–5行目）
> ものがわかる、共通の感覚がある

【解説】sentidoには、「意味」、「意義」のという意味のほかに、「感覚」、「判断力」、「思慮」、「センス」という意味も含まれます。通常、sentido comúnで「常識」を表しますが、文中では、おとなが備える社会常識を指しているのではなく、「（子どものころの「ぼく」と）同じ感覚」を示しています。

【例文】

Él no tiene ni un grano de sentido común.
彼はまったくわかってくれない（彼にはまるで常識がない）。

> Era una cuestión de vida o muerte. （p.18, 下から3–2行目）
> 生きるか死ぬかだ。

【解説】cuestiónは「問題」、「案件」、「事柄」を表し、英語のquestion（質問）の意味には使われません。ここでは、「生きるか死ぬかの問題」と言っています。なお、「質問」にはpreguntaを使います。

【例文】

① Discutimos de la cuestión del cambio climático.
気候変動について議論する。

② Esto es la escena en cuestión.
これが問題のシーンだ。

Los adultos son así.（p.32, 9行目）
おとなって、そういうもんなんだ。

【解説】着ている服でその人の言っていることの真偽を判断するおとなへの痛烈な批判が感じ取れる一文です。一方で、たくさんのおとなを見てきた「ぼく」が、「そういうものだ」と達観しているようすも感じ取れます。

【例文】

① La vida es así.
人生そんなもんだよ。

② Yo soy así.
わたしってそうなの。

＊ 自分の言動や性格について意見・批判された際に、変えられない自分を弁解するときによく使う表現。

---

lo mejor posible.（p.36, 10行目）
できるだけ上手に

【解説】Lo＋形容詞または副詞の比較級＋posible で「できるだけ…」という意味になります。日常でよく使う表現なので、さまざまな形容詞や副詞を用いて色々なシーンで使ってみてください。

【例文】

① Caminamos lo más rápido posible para llegar lo más pronto posible.
なるべく早く着けるように、できるだけ速く歩いた。

② Espero que la operación le duela lo menos posible.
手術が少しでも苦痛の少ないものであることを願います。

Parte 2

Capítulo 5-8

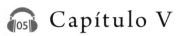 Capítulo V

Cada día aprendía algo sobre su planeta, las razones de su partida y su viaje. Aprendí todo esto de a poco, por casualidad, mientras hablábamos. Así fue como, el tercer día, aprendí sobre los baobabs.

Una vez más, fue gracias al cordero que supe de ellos. De pronto y como si estuviera teniendo dudas, el principito me preguntó:

—¿Es verdad que los corderos se comen los arbustos?

—Sí. Eso es cierto.

—¡Ah, qué contento estoy!

No comprendí por qué era tan importante para él que los corderos comieran arbustos. Pero luego el principito preguntó:

—¿Eso significa que también se comen los baobabs?

Le dije que los baobabs no son arbustos, sino árboles tan grandes como iglesias. Incluso si él tuviera muchos elefantes, éstos no podrían comer un baobab entero.

■por casualidad 偶然に ■baobab バオバブ ■una vez más もう一度、今回も ■duda 疑い ■arbusto 灌木 ■significa>significar 意味する ■iglesia(s) 教会

第 5 章

　毎日ぼくは、王子さまの惑星のことや、どうして王子さまがそこを離れたか、それからの旅について、何かしら学んだ。話をしているうちに、ゆっくりと、偶然、わかるんだ。３日目にバオバブの木について聞いたときもそうだった。

　これも、きっかけはヒツジだった。不安そうな感じで、王子さまが突然、聞いてきたのだ。

　「ヒツジが草を食べるって本当だよね？」

　「そう、本当だよ」

　「そうか！ よかった」

　ヒツジが草を食べるのがどうしてそんなに大事なのか、ぼくにはわからなかった。でも、王子さまはこうたずねたのだ。

　「じゃあ、ヒツジはバオバブも食べる？」

　そこでぼくは、バオバブは草ではなくて、教会みたいに大きい木なのだと教えてやった。象がたくさんいても、バオバブの木を１本食べることもできやしないと。

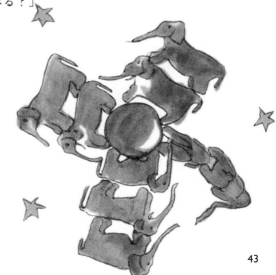

La idea de tantos elefantes hizo reír al principito:

—Tal vez podríamos ponerlos unos sobre otros…

Luego me dijo:

—Los baobabs no son grandes al principio. Cuando son jóvenes, son muy pequeños.

—Eso es cierto. Pero, ¿por qué quieres que tu cordero coma los baobabs pequeños?

Él dijo: —Bueno, ¡deja que te explique! —como si fuera a decir algo muy importante. Tuve que escuchar con mucha atención para comprender lo que dijo a continuación.

En el planeta del principito, como en todos los planetas, había plantas buenas y plantas malas. Lo cual significa que también había semillas buenas de las plantas buenas y semillas malas de las plantas malas. Pero las semillas son muy pequeñas y difíciles de ver. Duermen en la tierra hasta que deciden despertar y comenzar a crecer. Luego, empujan un pequeño tallo hacia la superficie. Si el pequeño tallo crece para ser una planta buena, podéis dejarla crecer. Pero si el tallo se convierte en una planta mala, debéis arrancarla tan pronto como sea posible. En el planeta del principito había semillas terribles… las semillas del baobab. El suelo de su planeta estaba repleto de ellas. Y si se espera demasiado para arrancar un baobab, este crecerá hasta cubrir todo el planeta. Se apoderará del planeta. Y si el planeta es muy pequeño y hay demasiados baobabs, los baobabs destruirán el planeta.

■deja>dejar que（＋接続法）～させる ■semilla(s) 種 ■despertar 目を覚ます
■crecer(<crece) 成長する ■empujan>empujar 押す、押しのける ■tallo 新芽、茎
■superficie 表面 ■arrancarla>arrancar 引き抜く ■suelo 土 ■repleto いっぱいの

たくさんの象を思い描いて、王子さまは笑った。

「象をどんどん上に積んでいけばいいんだね……」

そして言った。

「バオバブは最初から大きいわけじゃないんだよ。はじめはとても小さいんだ」

「それはそうだ。でもきみはどうして、ヒツジに小さいバオバブを食べさせたいんだい？」

王子さまは言った。「うん、説明しよう！」重大事を明かすような言い方だった。次にくる説明をちゃんと理解するのに、ぼくは注意して聞かなければならなかった。

惑星ではどこも同じだが、小さな王子さまの惑星にも、いい植物とわるい植物が生えていた。つまり、いい植物から取れるいい種と、わるい植物から取れるわるい種とがあったのだ。でも種というものは、とても小さくて見にくい。目をさまして成長しようと決めるまでは土の中で眠っていて、その時が来ると、土を突き抜けて小さな芽を出すんだ。その芽が大きくなって、いい植物になれば、そっとしておいていい。でもわるい植物になったら、できるだけ早くひっこ抜かなければならないのだ。王子さまの惑星には、ものすごく性質のわるい種があった……バオバブの種だ。この種は、星中の土の中に埋まっていた。うっかりして芽のうちに抜いてしまわないと、どんどん育って惑星中に広がってしまうのだ。星は乗っ取られてしまうだろう。うんと小さい惑星にバオバブがたくさん育ったら、その星は壊されてしまう。

■cubrir 覆う　■se apoderará del...>apoderarse de... 〜を奪う、自分のものにする
■destruirán>destruir 〜を破壊する

"Es cuestión de ocuparse de ellos todos los días", me dijo más tarde el principito. "Cada mañana, me ocupaba de mi planeta. Tenía que arrancar los pequeños baobabs tan pronto como pudiera distinguirlos de los rosales. Los baobabs se parecen a las rosas cuando son muy pequeños. Es algo muy aburrido de hacer, pero es muy fácil".

Y un día me pidió que hiciera un dibujo para ayudar a los niños de mi planeta. "Si algún día viajan", me dijo, "esto podría ayudarles. A veces puedes esperar y dejar tu trabajo para más tarde. Pero tratándose de baobabs, el retraso lleva a problemas terribles. Conocí un planeta donde vivía un hombre perezoso. Él ignoró tres pequeños tallos y..."

■ocuparse de... ～の世話をする、処理する　■distinguirlos>distinguir 区別する
■rosal(es) バラ（の木）　■aburrido つまらない、退屈な　■retraso 遅れ　■llevar a... ～を
導く、～をもたらす　■perezoso 怠惰な　■ignoró>ignorar 無視する

　「要は、毎日、きちょうめんに片づけることだよ」小さな王子さまはあとで
ぼくに言った。「毎朝、ぼくは星の世話をする。バラの苗と区別がつくが早
いか、バオバブの苗は抜くんだ。出始めのころは、バオバブってバラにそっ
くりなんだよ。作業はおもしろくもないけど、簡単なんだ」

　そしてある日、王子さまは、ぼくの惑星の子どもたちのために絵を描いて
ほしがった。「いつか子どもたちが旅行することがあったら」、王子さまは言
った。「これが役に立つかもしれない。待ってみて、あとからやっても遅く
ない作業もある。でもバオバブが相手のときは、待っていたら大変なことに
なるんだ。ぼくの知っているある星は、なまけものの男が住んでいて、3本
の若芽をほうっておいたんだ。そうしたら……」

Por lo tanto, hice el dibujo, como lo describió el principito. Por lo general no me gusta decirle a la gente lo que debe hacer. Pero el peligro de los baobabs no es suficientemente conocido. Así que, por esta vez, voy a hacer una excepción a mi regla. Y por lo tanto digo: "¡Niños! ¡Cuidado con los baobabs!". He trabajado arduamente en este dibujo. Espero que instruya a mis amigos sobre este peligro. La lección que quería enseñar valió el esfuerzo que me tomó dibujarlo. Tal vez preguntéis: ¿Por qué los otros dibujos de este libro no son tan buenos como el dibujo de los baobabs? La respuesta es sencilla: Hice lo mejor que pude, pero no lo conseguí. Cuando dibujé los baobabs, estaba inspirado por el peligro que representan.

■peligro 危険　■excepción 例外　■arduamente 苦心して　■instruya>instruir 教える ■valió>valer 価値がある　■esfuerzo 努力　■sencilla>sencillo 単純な　■conseguí> conseguir 達成する　■inspirado>inspirar 触発する

　それでぼくは、王子さまの説明どおり、この絵を描いた。普通なら、ぼくは人に指図をするのはきらいだ。でもバオバブの危険というものはあまり広く知られていない。だから、今回だけは自分のルールに例外をつくることにした。こう言おう。「子どもたち！　バオバブに気をつけろ！」ぼくは、この絵をものすごく一生懸命描いた。ぼくの友達がこれを見て、バオバブの危険をわかってくれるといいのだが。ぼくの言いたかったこの教訓は、がんばって絵を描くだけの価値があったと思うよ。きみはたずねるかもしれない。この本のほかの絵は、どうしてバオバブの絵みたいに上手じゃないの？　答えは簡単だ。ぼくはベストを尽くしたけど、うまくいかなかった。バオバブを描いたときは、バオバブのはらむ危険に触発されたのだ。

Capítulo VI

¡Oh! Principito, finalmente comencé a comprender la tristeza de tu vida. Nunca tuviste demasiado tiempo para los placeres, excepto disfrutar de la belleza de las puestas del sol. Esto lo descubrí la cuarta mañana, cuando me dijiste:

—Me encantan las puestas del sol. Vamos a ver una…

—Pero tenemos que esperar…

—¿Esperar qué?

—Esperar que se ponga el sol.

Al principio pareciste muy sorprendido, después te reíste de ti mismo. Y dijiste: —¡Por un momento creí que estaba en casa!

Como todos saben, cuando es mediodía en Estados Unidos, en Francia se está poniendo el sol. Tendríamos que viajar a Francia en un minuto si quisiéramos ver la puesta del sol. Desgraciadamente, Francia está demasiado lejos. Pero en tu pequeño planeta, te bastaba con trasladar tu silla unos pocos metros. Y podías ver la puesta del sol tan seguido como quisieras.

■tristeza 悲しみ ■placer(es) 楽しみ ■disfrutar de... ～を楽しむ ■belleza 美しさ
■puesta(s) （日・月の）入り ■se ponga>ponerse （日・月が）沈む ■mediodía 正午

第 6 章

　ああ、小さな王子さま。ぼくはようやく、きみの小さな人生の悲しみがわかりかけてきた。きみは、入り日の美しさを眺める以外には、楽しみの時間など持たずに来たのだ。これを知ったのは4日目の朝、きみがこう言ったときだった。

「ぼく、日の入りを見るのが大好きだよ。見に行こうよ……」
「でも待たなくちゃ……」
「待つって、何を？」
「太陽が沈むのをだよ」
　きみは最初、とてもびっくりしたようで、それから自分自身を笑って言った。「一瞬、自分の星にいるんだと思っていたよ！」
　みんな知ってると思うけど、アメリカで正午のとき、太陽はフランスで沈んでいく。日の入りを見たければ、1分くらいでフランスに行かなくちゃいけないわけだ。不幸なことに、フランスはあまりに遠い。でもきみの小さな惑星なら、椅子を何メートルか動かすだけでいいんだね。そうしたら日の入りを、何度でも見たいだけ見られるんだ。

■desgraciadamente 残念ながら　■bastaba>bastar 十分である　■trasladar 移動する
■seguido 続けて

—¡Un día vi al sol ponerse cuarenta y cuatro veces!

Luego añadiste:

—¿Sabes? Cuando uno está triste, ver las puestas del sol le hace sentir mejor…

Yo pregunté: —¿El día que la viste cuarenta y cuatro veces estabas muy triste?

Pero el principito no me respondió.

 # Capítulo VII

En el quinto día conocí otro secreto de la vida del principito. De pronto me hizo una pregunta. Parecía que había pensado en esta pregunta durante mucho tiempo:

—Si un cordero come arbustos, ¿comerá flores también?

—Un cordero come todo lo que encuentra.

—¿Incluso las flores con espinas?

—Sí. Incluso las flores con espinas.

—Entonces, ¿de qué sirve tener espinas?

Yo no lo sabía. Estaba muy ocupado. Estaba tratando de arreglar mi avión. Estaba muy preocupado. El avión era difícil de arreglar y no me quedaba mucha agua para beber.

■añadiste>añadir 追加する ■sentir 感じる ■espina(s) とげ ■ocupado 忙しい
■tratando de>tratar de 〜しようとする ■arreglar 修理する ■preocupado 心配して

「44回見たこともあるよ！」
また、こうも言った。
「ねえ、知ってる……悲しいときには夕日を見ると気分が休まるんだ……」

ぼくはたずねた。「日の入りを44回も見た日は、とても悲しかったんだね？」
王子さまは答えなかった。

第7章

5日目になって、ぼくは王子さまの別の秘密を知った。王子さまは突然、質問をしてきたが、長いこと考えてから聞いたようだった。

「もしヒツジが草を食べるのなら、花も食べる？」
「ヒツジは、手当り次第、何でも食べるよ」
「トゲのある花でも？」
「そうだ。トゲのある花でも」
「じゃ、トゲなんて、何のためにあるのさ？」
そんなことはぼくは知らない。それより忙しかった。飛行機を直そうとしていたのだ。心配でたまらなかった。修理は難しく、飲み水は底を尽きかけていた。

—¿Entonces de qué sirve tener espinas?

Una vez que había hecho una pregunta, el principito insistía hasta obtener una respuesta. Pero como yo estaba preocupado y enfadado, dije lo primero que se me ocurrió:

—Las espinas no sirven para nada. ¡Las flores tienen espinas porque son malas!

—¡Oh!

Y después de un momento, me dijo con enojo: —¡No te creo! Las flores son débiles. Son ingenuas y hermosas. Se defienden como pueden. Creen que sus espinas les ayudan a protegerse…

No respondí. No estaba escuchando. Aún estaba pensando en mi avión. Luego el principito dijo:

—Entonces crees que las flores…

—¡No, no creo nada! Te he dicho lo primero que se me ocurrió. ¡Estoy ocupado con asuntos importantes!

Me miró estupefacto y exclamó:

—¡Asuntos importantes!

Añadió: —¡Hablas como un adulto!

Eso me hizo sentir mal. Pero de todas formas él continuó:

—¡No entiendes nada!

■insistía>insistir 固執する、主張する　■obtener 手に入れる　■enfadado 怒って
■me ocurrió>ocurrirse（物事が）心に浮かぶ　■sirven>servir 役立つ　■enojo 怒り
■débil(es) 弱い　■ingenuas>ingenuo 純真な、うぶな　■se defienden>defenderse 身
を守る　■asunto(s) 事柄　■estupefacto 茫然とした、びっくりした　■sentir mal 決まり
が悪くなる、気を悪くする　■de todas formas とにかく、いずれにしても

「だったらトゲは、なんのためにあるのさ？」

　小さな王子さまは、質問をぜったいにやめないのだ。ぼくは心配で、機嫌がわるかったので、頭にうかんだ最初のことを言った。

「トゲなんて、なんの役にも立ちやしないよ。花は、意地悪だからトゲをつけてるんだ！」

「えっ！」

　でもしばらくして、王子さまは怒ったように言った。

「きみの言うことなんか、信じないよ！　花は弱いんだ。純粋で、美しいんだ。できるだけのことをして自分を守ろうとしているだけなんだよ。トゲが守ってくれると信じているんだ……」

　ぼくは答えなかった。聞いてもいなかった。ずっと飛行機のことを考えていたのだ。王子さまがまた言った。

「それじゃ、きみは、きみが考える花は……」

「違う、違う！　ぼくは何にも考えちゃいない！　思いついたことを言っただけなんだ。大事なことで忙しいんだ！」

　王子さまはぼう然としてぼくを見つめ、声をあげた。

「大事なこと！」

　そして言った。「きみはおとなみたいな話し方をするんだね！」

　ぼくは決まりがわるくなった。でも王子さまは続ける。

「きみは何もわかっちゃいないよ！」

Él estaba muy enfadado. Sacudió su cabeza de cabello dorado:

—Conozco un planeta donde vive un hombre de cara colorada. Él nunca ha olido una flor. Él nunca ha mirado una estrella. Él nunca ha amado a nadie. Él nunca hace nada excepto sumar números. Al igual que tú, durante todo el día dice: '¡Yo soy un hombre importante! ¡Yo soy un hombre importante!'. Se llena con su propia importancia. Pero no es un hombre, ¡es un hongo!

—¿Un qué?

—Un hongo.

El principito se había vuelto pálido de cólera:

—Las flores han tenido espinas por millones de años. Y, aun así, por millones de años, los corderos han comido flores. ¿Cómo puedes decir que no es importante tratar de entender por qué las flores continúan teniendo espinas que no les protegen para nada? ¿Cómo puedes decir que la guerra entre los corderos y las flores no importa? ¿Cómo puedes decir que no es más importante que un hombre gordo y de cara roja haciendo números? Y yo, yo conozco una flor que es la única de su tipo, que no vive en ningún otro sitio, solo en mi planeta… y si un pequeño cordero destruye esa flor, la come una mañana, sin saber lo que ha hecho, ¿es que esto no es importante?

⭐

■sacudió>sacudir（頭を）揺り動かす ■cabello 髪 ■ha olido>oler においをかぐ ■sumar 合計する ■al igual que... ～とおなじように ■se llena con>llenarse con... ～でいっぱいになる ■propia>propio 自分自身の ■hongo キノコ ■se había vuelto>volverse（人が）～になる ■pálido（顔が）青白い ■guerra 戦争 ■gordo 太った ■tipo 種類 ■destruye>destruir 破壊する

　王子さまは、本気で怒っていた。金色の髪をゆらしながら、

　「ぼくは、真っ赤な顔のおじさんが住んでいる星を知ってるよ。おじさんは花の香りをかいだこともなければ、星を見上げたこともない。だれかを愛したこともない。足し算以外、何もしない。そしてきみみたいに『おれは重要人物だ！ おれは重要人物だ！』って一日中、言ってるんだよ。自分の重要さで頭が一杯なんだ。でもそんなのは人間じゃない……キノコだ！」

　「なんだって？」
　「キノコさ！」
　王子さまは、怒りで蒼白になっていた。
　「何百万年もの間、花はトゲを生やしてきた。なのに、何百万年もの間、ヒツジは花を食べてきた。花がどうして、守ってもくれないトゲを生やし続けるのか、わかろうとすることが大事じゃないなんて、どうしてきみに言えるの？ ヒツジと花の戦争なんか問題じゃないって、どうして言えるの？ 足し算をしてる赤い顔の太ったおじさんより、大事じゃないって言えるの？ それにぼくは、ぼくは、たった一つしかない、ぼくの星にしか咲かない花を知ってるんだよ……そしてもし小さなヒツジがその花を壊してしまったら、自分のしていることの重大さも知らずにある朝、食べてしまったら——それがなんでもないって言うの？」

Su rostro enrojeció mientras continuaba:

—Si una persona ama una flor única que se encuentra en una sola estrella entre millones y millones de estrellas, eso es suficiente para hacerle feliz cuando mira las estrellas. Esta persona mira las estrellas y se dice a sí misma: "Mi flor está allí en algún sitio…" Pero si el cordero se come la flor, es como si de pronto todas las estrellas se apagaran para esta persona. ¿¡Y eso… eso no es importante!?

El principito no pudo decir más. Comenzó a llorar y llorar. Había caído la noche. Dejé de hacer lo que estaba haciendo. Ya no me importaba mi avión, ni el hambre, ni siquiera la posibilidad de morir. ¡En una estrella, en un planeta, este planeta, mi planeta, la Tierra, había un principito que estaba triste! Lo tomé en mis brazos. Lo abracé. Le dije:

—La flor que amas no está en peligro… Te dibujaré algo para proteger a tu flor… yo…

Realmente no sabía que decir. Me sentía impotente. No sabía cómo consolarlo… La tierra de las lágrimas es un sitio tan remoto.

⭐

■enrojeció>enrojecer 赤くなる ■de pronto 突然 ■se apagaran>apagarse 消える
■había caído>caer （日が）沈む ■hambre 空腹 ■morir 死ぬ ■brazo(s) 腕
■impotente 無力な ■consolarlo>consolar 慰める ■lágrima 涙

　続けるうちに、王子さまの顔は薄桃色に染まってきた。

　「もしだれかが、何百万もの星の中で、たった一つの星に住む花を愛したら、夜空を見上げるだけで幸せになるよ。星たちを見て、心の中で言うんだ。『ぼくの花は、このどこかにいる……』でももしヒツジがその花を食べてしまったら、突然、星がぜんぶ消えるのと同じじゃないか。それが……それが大事じゃないって言うんだ！」

　小さな王子さまは、それ以上何も言えなかった。泣いて、泣いて、泣きとおした。夜になっていた。ぼくはやっていたことをぜんぶやめた。飛行機も、空腹も、死ぬかもしれないことさえ、どうでもよかった。ある星の、惑星の上に──いや、この惑星、ぼくの惑星、この地球に──不幸せな、小さな王子さまがいるのだ！ ぼくは王子さまを抱きよせた。抱きしめて、言った。

　「きみの愛している花は危ない目になんか遭ってないよ……きみの花を守れるように、何か描いてあげる……ぼく……」

　なんと言っていいか見当もつかなかった。自分の無力さをいたいほど感じた。どうやったら王子さまの心にとどくのか、わからなかった……。涙の国は、あまりにも遠かった。

Capítulo VIII

Pronto descubrí más sobre esta flor. En el planeta del principito siempre ha habido flores muy simples. Tienen una sola línea de pétalos. Aparecen una mañana y por la tarde se extinguen. Pero esta flor especial creció de una semilla que debe haber venido de algún otro lugar. El principito observó con atención desde el momento en que esta planta inusual comenzó a crecer. Era diferente a todas las otras plantas. Podría ser una nueva especie de baobab. Pero de esta nueva e inusual planta comenzó a crecer una flor. El principito sospechó que esta flor sería algo especial. Pero la flor no estaba lista para abrirse todavía. No había terminado aún de hacerse hermosa. Ella eligió sus colores con cuidado. Se vistió despacio. Quería presentarse con toda su belleza. ¡Oh, sí, era bastante vanidosa! Su preparación duró días y días. Y luego, una mañana, precisamente al salir el sol, la flor finalmente se abrió.

Después de su preparación tan cuidadosa, ella dijo:

—¡Oh, apenas acabo de despertarme… perdóname… realmente no estoy lista para que me vean…!

■pétalo 花びら ■se extinguen>extinguirse 消える ■inusual 変わった ■sospechó> sospechar 疑う、思う ■abrirse 開く ■aún まだ ■se vistió>vestir 服を着る ■belleza 美 ■vanidosa>vanidoso うぬぼれが強い ■apenas やっとのことで～する ■acabo de...>acabar de... ～を終えたところである ■lista>listo 準備ができて

第 8 章

　まもなくぼくは、この花についてもっと知ることになった。小さな王子さまの惑星では、いつも単純な花しか生えたことがなかった。花びらは一重で、ある朝、咲いたかと思うと、夕方にはしぼんでいた。でもこの特別な花は、種の時、どこか他の場所から来たに違いない。王子さまは、この変り種が成長するにつれ、注意深く見守った。ほかのどの植物とも違うらしい。新種のバオバブかもしれなかった。ある日、つぼみをつけた。小さな王子さまは、とびきりの花が咲くのだろうと思った。でも花の方では、一向に開く気配がなかった。お支度がすんでいないのだ。花は、身にまとう色彩を注意深く選び、ゆっくりと衣装をととのえた。最高に美しいところを披露しなければ。そう、とてもうぬぼれが強かったのだ！準備は、何日も何日もかかった。そしてついにある朝、ちょうど太陽が昇るころ、花は開いた。

　あれだけ念入りに準備したのに、花はこう言った。

　「あら！ まだちゃんと目が覚めていませんのよ……失礼いたしますわ……ご覧いただくような状態じゃ、ございませんことよ……」

El principito no pudo contenerse. Exclamó:

—¡Qué hermosa eres!

—Lo soy, ¿no es cierto? —respondió dulcemente la flor— Y nací en el mismo momento en que se alzaba el sol.

El principito pudo ver que ella era bastante vanidosa, pero ¡era tan preciosa y delicada!

—Me parece que ya es hora de desayunar —le dijo—, si fueras tan amable…

Y el principito, muy avergonzado, llenó una regadera con agua fresca y le dio su desayuno a la flor.

Pronto, ella lo estaba perturbando con su vanidad. Un día, por ejemplo, hablando de sus cuatro espinas, le dijo al principito:

—Deja que vengan los tigres. ¡No les tengo miedo a sus garras!

—No hay tigres en mi planeta —señaló el principito— y, además, los tigres no comen arbustos.

—Yo no soy un arbusto —respondió dulcemente la flor.

■dulcemente 甘く　■nací>nacer 生まれる　■se alzaba>alzarse 昇る　■delicada>delicado 繊細な　■si fueras tan amable よろしければ　■avergonzado>avergonzar 恥ずかしい思いをさせる　■regadera じょうろ　■perturbando>perturbar 混乱させる、狼狽させる　■vanidad 見栄　■tengo miedo>tener miedo 怖い　■garra カギ爪　■señaló>señalar 指摘する　■además さらに、その上

小さな王子さまは、思わず叫んだ。

「なんて美しいんだろう！」

「そうでしょう？」花はやさしく答えた。「わたくし、朝日が昇る瞬間に生まれましたのよ……」

うぬぼれの強い花だということは、王子さまにもわかった。でも、こんなに美しくて繊細なのだ！

「わたくしの朝ごはんの時間だと思いますわ」花は王子さまに言った。「もしよろしければ……」

きまりわるくなって王子さまは、じょうろに冷たい水を一杯入れ、花に朝ごはんをあげた。

花はすぐ、見栄をはっては王子さまを困らせ始めた。たとえばある日、バラの4つのトゲの話をしていたときだった。こう言った。

「トラでもなんでも来るがいいわ。カギ爪なんて、怖くない！」

「ぼくの星にトラはいないよ」王子さまは指摘した。「どっちにしても草を食べないし」

「わたくしは草ではありませんわ」花は甘ったるく言った。

—Perdóname…

—No temo a los tigres, pero el aire frío no es bueno para mi salud. ¿Tienes un biombo?

"El aire frío es malo para su salud… eso es inusual para una planta", pensó el principito. "Esta flor es demasiado complicada…"

—Por favor, cada noche, ponme bajo un globo de vidrio para mantenerme templada. Hace mucho frío aquí donde tú vives. En el lugar de donde yo vengo…

La flor se detuvo. Había llegado al planeta del principito en forma de semilla. Nunca había conocido otros planetas. Fastidiada por haberse dejado sorprender inventando una mentira tan ingenua, tosió dos o tres veces:

—¿Tienes un biombo?

—Estaba a punto de ir a buscarlo, ¡pero no dejabas de hablarme!

Entonces ella volvió a toser para hacerle sentir mal.

■temo>temer 怖がる　■biombo 屏風　■complicada>complicado 気難しい　■globo 球体　■vidrio ガラス　■templada>templado 暖かい　■se detuvo>detenerse 止まる、やめる　■en forma de... ～の形で　■fastidiada>fastidiar うんざりさせる、不快にさせる　■sorprender 見破る、見つける　■inventando>inventar 作り出す　■ingenua>ingenuo ばかばかしい　■tosió>toser 咳をする

「ごめん……」

「トラなんか怖くないことよ。でも、冷たい空気はわたくしの体によくありませんわ。風除けをお持ち？」

「冷たい空気が体にわるいなんて……植物なのにめずらしい」小さな王子さまは思いました。「この花はだいぶ気難しいんだな……」

「毎晩、ガラスのケースをかぶせて暖かくしてくださいな。あなたの星はとても寒いんですもの。私が生まれ育ったところでは……」

花は口をつぐんだ。王子さまの星には種のときに来たのだ。他の星のことなんか、知っているはずがない。ばかな嘘が見え見えになって花は怒り、2、3回咳をした。

「風除けはお持ちかしら？」

「今、探しに行こうとしたんだけど、きみが話しかけてきたから！」

花は、王子さまにやっぱりすまなかったと思わせようとして、また咳をした。

Y así es como el principito comenzó a dudar de la flor que amaba. Había confiado en lo que ella decía, y ahora se sentía desdichado.

"No debería haberla escuchado", me dijo un día. "Nunca debes escuchar lo que dicen las flores. Es mejor mirarlas y disfrutar de su aroma. Mi flor hizo que todo mi planeta sea hermoso, pero yo no podía disfrutarlo. Debería haber sido más bondadoso con ella…"

Él continuó: "¡Nunca la comprendí en realidad! Debí haberla juzgado por sus acciones y no por sus palabras. Ella hizo que mi mundo sea hermoso. ¡Nunca debí haberme ido! Debería haber visto la dulzura detrás de sus juegos insensatos. ¡Las flores son tan complicadas! Pero yo era demasiado joven para saber amarla."

■dudar 疑う ■había confiado en...>confiar en... ～を信用する ■desdichado みじめな、かわいそうな ■bondadoso 親切な ■haberla juzgado>juzgar 判断する ■dulzura やさしさ ■juego 手口、かけひき ■insensato(s) ばかげた、非常識な

　こうして、王子さまは、愛する花を疑うようになった。花が言うことをずっと信じてきたけれど、今は不幸せだった。

　「花の言うことなんか、聞いちゃいけなかったんだ」ある日、王子さまはぼくに言った。「花が何か言っても、信じるものじゃない。花というのは、ながめて、香りをかぐだけにするのが一番いいんだ。花のおかげでぼくの星全体が美しくなったのに、ぼくはそれを楽しめなかった。もっとやさしくするべきだったんだ……」

　王子さまは続けて言った。「ぼくは、この花のことが本当はわかっていなかったんだ！　花の言うことじゃなく、することで判断すべきだったんだ。花は、ぼくの世界を美しくしてくれた。ぼくは花のそばを離れるべきじゃなかったんだ！　ばからしい駆け引きの奥にあるやさしさに気付くべきだったんだ。花というのは、どれも本当にてこずるものだ！　ぼくはあまりに子どもで、どうやって花を愛したらいいか、わからなかったんだ」

覚えておきたいスペイン語表現

> ¡Ah, qué contento estoy! (p.42, 下から7行目)
> そうか！ よかった

【解説】¡Qué + 形容詞または副詞 +（動詞）! で「なんて…なんだ！」という感嘆文を作ることができます。ヒツジが草を食べることが確認できてうれしさを表現する王子さまのように、感情豊かに表現してみましょう。

【例文】
   ① ¡Qué simpático eres!
      君ってなんてやさしいの！

   ② ¡Qué rico!
      おいしい！

> Bueno, ¡deja que te explique! (p.44, 8行目)
> うん、説明しよう！

【解説】dejarには「置いておく」、「放っておく」、「残す」、「やめる」などさまざまな意味がありますが、ここでの直訳は、「君に説明させて！」、つまり、使役の意味です。この場合、接続詞queの中で使用する動詞は接続法になります。また、queを使わずに、Déjame explicarte!のように不定詞でつなぐことも可能です。

【例文】
   ① Deja que vengan los tigres. (p.62, 下から4行目)
      トラでもなんでも来るがいいわ。

    ＊ 直訳では「トラに来させなさい」と言っており、バラの上から目線の強がりが端的に表現されています。

   ② El padre no dejaba que su hija saliera después de las ocho de la noche.
      父親は娘が夜8時以降に外出することを許可しなかった。

   ③ Déjame hacerlo a mí. (p.176, 最終行)
      ぼくがやろう。

> Una vez que había hecho una pregunta, el principito insistía hasta obtener una respuesta. (p.54, 2–3行目)
> 小さな王子さまは、質問をぜったいにやめないのだ。

【解説】una vez que ... は「一度…すると」、hasta + 不定詞 は「…するまで」の意味なので、直訳では「一度質問をすると、小さな王子さまは答えを得るまで譲らなかった」となります。忙しいおとなは、子どもの知りたがりに時に辟易してしまうこともありますが、質問の意図を理解して、子どもとともに探求心をはぐくめるように、答えを一緒に探せるといいですね。

【例文】
① Una vez que ha tomado una decisión, mi madre nunca cambia de opinión.
母は、一度決断を下すと、決して考えを変えない人だ。

② Y si se espera demasiado para arrancar un baobab, este crecerá hasta cubrir todo el planeta. (p.44, 下から4–3行目)
うっかりして芽のうちに抜いてしまわないと、どんどん育って惑星中に広がってしまうのだ。

> ¿Cómo puedes decir que no es importante tratar de entender por qué las flores continúan teniendo espinas que no les protegen para nada? (p.56, 下から9–7行目)
> 花がどうして、守ってもくれないトゲを生やし続けるのか、わかろうとすることが大事じゃないなんて、どうしてきみに言えるの？

【解説】¿Cómo puedes decir ... ? は、「どうして…なんて言えるの？」と、相手の発言に強い疑問を呈するときに使う表現です。ややきつい表現ですので、頻繁に使用することはないかもしれませんが、相手の発言に違和感を覚えた場合には、この構文で疑問を呈してもよいかもしれません。なお、decir の代わりに別の動詞を用いると、「なぜ…できるのか」という一般的な反語表現になります。

【例文】
① Papá, ¿cómo puedes decir que él es una mala persona?
パパ、どうして彼が悪い人だって言えるの？

② ¿Cómo puede ser así?
なんてことだ！

> Comenzó a llorar y llorar. (p.58, 8行目)
> 泣いて、泣いて、泣きとおした。

【解説】王子さまが泣いて悲しむ情景が目に浮かぶようです。日本語訳でも「泣いて、泣いて」と繰り返しているとおり、スペイン語でも動詞を繰り返すことで文意を強調することができます。

【例文】
   ①   Esta foto me hizo reír y reír.
       私はこの写真に笑いに笑った。

   ②   Y lloró y lloró. (p.142, 最終行)
       そして泣いて、泣いて、泣きとおした。

> Esta flor es demasiado complicada... (p.64, 5行目)
> この花はだいぶ気難しいんだな……

【解説】complicadoには「（物理的に）複雑な」という意味のほか、文中のように「（性格が）気難しい」や「（状況が）難しい」といったさまざまな意味があります。どの意味でも日常会話、ビジネスシーンを問わずよく使いますので、しっかり覚えておきたい単語です。

【例文】
   ①   En realidad, para los ancianos los smartphones son menos
       complicados de manejar.
       実際のところ、スマートフォンはお年寄りにとってむしろ使いやすい。

   ②   Mi jefe es una persona un poco complicada.
       私の上司は少し気難しいところがある。

   ③   El próximo lunes es complicado para la reunión.
       来週の月曜日に会議を行うのは難しい。

> Debería haber sido más bondadoso con ella... (p.66, 6行目)
> もっとやさしくするべきだったんだ……

【解説】後悔先に立たず……。debería haber 過去分詞 で「…するべきだった」と、過

去への反省を表現することができます。後悔のない人生は幸せですが、失敗や過ちを犯したときに、きちんと反省できる姿勢がより重要です。王子さまは、自分と花の関係を省みて、どのように接するべきだったか、そしてこれからどのように接するべきかを分析する力があるのです。なお、debería（線過去）はdebí（点過去）に変え、特定の過去における反省を表現することもできます。

【例文】

① No deberíamos haber dicho la mentira.
   ぼくたちは、嘘をつくべきじゃなかった。

② Debí haberla juzgado por sus acciones y no por sus palabras.
   (p.66, 下から5–4行目)
   花の言うことじゃなく、することで判断すべきだったんだ。

スペイン語で読む『星の王子さま』

　世界中で愛され200以上の言語に翻訳されている名作、『星の王子さま』。原題"Le Petit Prince"は「小さな王子」という意味ですが、多くのスペイン語版では、Príncipe（王子）にスペイン語の縮小辞 -ito を語末につけて、原題のpetit（小さな）のような形容詞を使わずにPrincipito（小さなかわいい王子さま）と訳されています。

　多くの人に愛されてきた本作は、日本語版でもこれまで数々の新訳が出てきましたが、スペイン語版でもたくさんの新訳が出続けています。フランス語の原文は変わらないのに、翻訳には変化があるのは興味深いですよね。少しの言葉の違いで伝わるニュアンスが異なるから、読み手（翻訳者）によって訳が変わるのです。例えば、

　　　Es el tiempo que empleé en mi rosa... (p.160, 3行目)
　　　ぼくがバラのために費やした時間……

のemplear（費やす）は、フランス語原文ではperdre（無駄にする、失う）が使われていますが、その訳にはperder（失う）やdedicar（捧げる）が使われているスペイン語版もあります。原作者サン＝テグジュペリのフランス語原文にこそ彼のメッセージが詰まっていることは間違いありませんが、訳書は同じ言語もそれぞれの翻訳に特徴があるので、読み比べてみることで、原作の解釈に新たな発見があるかもしれません。

　児童向けに作られた『星の王子さま』のスペイン語版は、平易でありながら、さまざまな感情を表す表現が詰まった、スペイン語を学ぶ方にとって表現の宝庫です。本書で出てくる表現をぜひ活用してみてください。

Parte 3

---- ✳ ----

Capítulo 9-12

Capítulo IX

Creo que unos pájaros silvestres ayudaron al principito a dejar su planeta. La mañana de la partida puso en orden el planeta. Limpió con cuidado los volcanes activos. Había dos volcanes activos. Eran muy útiles para cocinar el desayuno por la mañana. Además, había un volcán inactivo. Limpió el volcán inactivo también, ya que, como él decía, "¡nunca se sabe lo que puede ocurrir!". Si los volcanes están limpios, sus erupciones arden cuidadosamente, sin ocasionar problemas.

El principito arrancó los nuevos brotes de baobab. Y se sintió un poco triste porque pensó que nunca regresaría a casa. Cuando se preparó para poner a su flor bajo el globo de vidrio por última vez, sintió ganas de llorar.

—Adiós —le dijo a la flor.

Pero ella no respondió.

—Adiós —volvió a decir.

La flor tosió, pero no porque estuviera resfriada.

■pájaro(s) 鳥 ■silvestre(s) 野生の ■partida 出発 ■puso en orden>poner en orden 整える ■volcanes>volcán 火山 ■útil(es) 役に立つ ■inactivo 活動していない ■erupciones>erupción 噴火 ■arden>arder 燃える ■cuidadosamente 注意深く ■ocasionar 引き起こす ■brote(s) 芽 ■se sintió>sentirse 感じる ■resfriada> resfriado 寒い

第 9 章

　野生の鳥たちが、王子さまが星を離れるのを助けてくれたらしい。出発の朝、王子さまは星をきれいに整えた。活火山を注意深く掃除した。活火山は二つあって、朝ごはんの支度に重宝したものだった。休火山もあった。でも王子さまは、「わからないからね！」と言っては掃除をしていた。
きれいに掃除できているかぎり、火山は静かに燃えて、
問題を起こさなかった。

　新しく出てきたバオバブの若芽も抜いた。
この星には二度と戻らないとわかっていたの
で、王子さまは悲しくなった。最後にもう一回
だけ、ガラスのケースをバラにかぶせる準備
をしたとき、王子さまは泣きたかった。
　「さよなら」王子さまは花に言った。
　花は答えなかった。
　「さよなら」もう一度、
言ってみた。
　花は咳をした。寒いか
らではなかった。

—He sido una tonta —dijo finalmente la flor—. Perdóname por la forma en que actué. Intenta ser feliz.

El principito se sorprendió de que ella no estuviera enfadada por su partida. Se quedó allí sin saber qué hacer. No comprendía esta apacible dulzura.

—Te amo —le dijo la flor—. Tú nunca lo supiste debido a la forma en que yo actué. Pero nada de esto importa ahora. Y tú has sido tan tonto como yo. Intenta ser feliz. No te preocupes por el globo. Ya no lo quiero.

—Pero el aire frío de la noche…

—No soy tan débil… El aire fresco de la noche me hará bien. Soy una flor.

—Y los animales salvajes…

—Será necesario que soporte algunas orugas si quiero conocer a las mariposas. He oído que las mariposas son muy hermosas. Si no, ¿quién vendrá a visitarme? Tú estarás muy lejos. Y no me asustan los animales salvajes. Tengo mis espinas.

E inocentemente le mostró sus cuatro espinas. Luego añadió:

—Por favor, no te quedes ahí. Has decidido partir. Entonces vete.

Ella no quería que él la viera llorar. Era una flor muy orgullosa…

■tonta>tonto 馬鹿な ■finalmente ついに ■actué>actuar 行動する、ふるまう
■débil 弱い ■fresco 新鮮な ■salvaje(s) 野生の ■soporte>soportar 我慢する
■oruga(s) 毛虫 ■inocentemente 無邪気に ■mostró>mostrar 見せる、示す ■ahí そこに

「わたくし、ばかでしたわ」とうとう花が言った。「あんな仕打ちをしてご
めんなさいね。幸せになってね」

小さな王子さまは、自分が去ることで花が怒っていないのに驚いた。王子
さまは立ち尽くした。どうしてよいか、わからなかった。花がどうしておっ
とりと優しいのか、わからなかった。

「あなたを愛しているわ」花は言った。「でもあなたは知らなかったのよね。
わたくしの仕打ちのせいで。でももう、どうでもいいことよ。あなたもわた
くしとおなじくらいばかだったのよ。幸せになってね。ケースのことは心配
しないで。もういらないの」

「でも冷たい夜の空気が……」

「わたくし、そこまで弱くありませんわ……。新鮮な夜気は体にいいのよ。
わたくしは花ですもの」

「でも野生の動物が……」

「蝶々に会いたければ、毛虫の一つや二つ、我慢しなければ。蝶々ってと
ても綺麗だって聞いたことがあるわ。それに、他にだれが訪ねてきてくれる
っていうの？ あなたは遠くへ行ってしまう。野生動物なんて、恐くないわ。
トゲがあるんですもの」

花は無邪気に４つのトゲを見せた。そして言った。

「突っ立っていないでくださいな。行くと決めたんでしょう。お行きなさ
いよ」

王子さまに、泣くところを見られたくなかったのだ。ほんとうにプライド
の高い花だった……。

Capítulo X

El principito estaba cerca de los asteroides 325, 326, 327, 328, 329 y 330.

Decidió visitar cada uno de ellos. Quería aprender sobre ellos. Y también quería encontrar algo para hacer.

En el primer asteroide vivía un rey. El rey estaba sentado sobre un trono simple pero hermoso y vestía un maravilloso manto púrpura.

—¡Ajá! ¡Aquí hay un súbdito! —exclamó el rey cuando vio al principito.

Y el principito se preguntó a sí mismo:

"¿Cómo sabe quién soy? Nunca me ha visto antes".

Él no sabía que, para los reyes, el mundo es muy simple. Todos los hombres son sus súbditos.

—Ven aquí para que te pueda ver mejor —dijo el rey. Estaba muy orgulloso de tener un súbdito por fin.

El principito buscó un sitio donde sentarse. Pero el planeta estaba cubierto por el manto del rey, así que continuó de pie. Y como estaba cansado, bostezó. El rey le dijo:

—No está permitido bostezar frente al rey. Te ordeno que dejes de bostezar.

■rey 国王 ■trono 王座 ■manto マント、ガウン ■súbdito 臣下、国民 ■exclamó>exclamar 叫ぶ ■por fin ついに ■cubierto>cubrir 覆う ■de pie 立って ■bostezó>bostezar あくびをする ■ordeno>ordenar 命令する

第 10 章

　小さな王子さまは、小惑星325、326、327、328、329、330のそばに来ていた。

　一つずつ、見て回ろうと決めた。星のことを知りたかったし、何かすることを見つけたかったのだ。

　最初の小惑星には、王さまが住んでいた。王さまは素晴らしい紫のローブを着て、シンプルで、でも美しい王座にすわっていた。

　「ほほう、臣民が来たわい！」小さな王子さまを見て、王さまは叫んだ。

　小さな王子さまは心の中で思った。

　「ぼくが何者だって、どうしてわかるんだろう？ 今までぼくを見たこともなかったのに」

　小さな王子さまは、王さまというものにとって、世界は非常に単純明快なところだと知らなかったのだ。なにしろ人間はみんな自分の臣民なのだから。

　「もっとよく見えるように近寄ってまいれ」王さまは言った。ついに臣民ができたので、とても誇らしかったのだ。

　小さな王子さまはすわる場所を探した。でも星中が王さまのローブで一杯だったので、立ったままでいた。疲れていたので、あくびが出た。王さまは言った。

　「王さまの前であくびをするのは許されておらん。あくびをやめるように命令するぞ」

—No puedo evitarlo —respondió el principito sintiéndose mal.

—He hecho un viaje muy largo y no he dormido…

—Entonces —dijo el rey— te ordeno que bosteces. Hace años que no veo bostezar a nadie. Me interesan los bostezos. ¡Vamos! Bosteza otra vez. Es una orden.

—Ahora me da vergüenza… no puedo bostezar más… —dijo el principito sonrojándose.

—¡Hum! ¡Hum! —dijo el rey.

—Bueno, entonces, yo… yo te ordeno que bosteces a veces y a veces…

Dejó de hablar. Parecía contrariado.

Ante todo, el rey quería estar seguro de que su poder era absoluto.

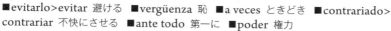

■evitarlo>evitar 避ける　■vergüenza 恥　■a veces ときどき　■contrariado> contrariar 不快にさせる　■ante todo 第一に　■poder 権力

　「つい、出てしまったんです」小さな王子さまは、申し訳なく思いながら答えた。「長い旅をして来て、寝ていないんです……」

　「それならば」王さまは言った。「あくびをするよう命ずるぞ。あくびをするところを何年も見ていないからな。あくびは面白い。そら！　もう一度、あくびをせい。これは命令だぞ」

　「それでは決まりがわるくて……。もうあくびはできません」赤くなりながら、小さな王子さまは言った。

　「ふむ！　ふむ！」王さまは言った。

　「では……、では時々あくびをするように命令するぞ。そしてまた時々は……」

　王さまはしゃべるのをやめてしまった。不機嫌そうだった。

　王さまの一番の望みは、完全な権力を持っているといつも実感できることだった。

Él gobernaba de manera absoluta y sin desobediencia. Pero, debido a que era muy sensato, sus órdenes eran siempre muy razonables:

"Si yo ordenara a mi general que se transformara en un ave y el general no me obedeciese, la culpa no sería del general. Sería mi culpa".

—¿Puedo sentarme? —preguntó el principito.

—Te ordeno que te sientes —respondió el rey. Movió su manto púrpura cuidadosamente.

Pero el principito se sorprendió. El planeta era muy pequeño. ¿Sobre quién reinaba el rey?

—Señor —dijo—, por favor, discúlpeme por hacerle esta pregunta…

—Te ordeno que me preguntes —se apresuró a decir el rey.

—Señor… ¿sobre quién reina usted exactamente?

—Sobre todo —respondió el rey.

—¿Sobre todo?

Con un gesto de la mano, el rey señaló su planeta, los otros planetas y todas las estrellas.

—¿Sobre todo eso? —dijo el principito.

—Sobre todo eso… —respondió el rey.

Porque el rey no sólo gobernaba absolutamente, también gobernaba sobre todas las cosas.

—¿Y las estrellas le obedecen?

—¡Por supuesto! —dijo el rey—. Me obedecen completamente. No permitiría que me desobedezcan.

■desobediencia 反抗、不服従 ■sensato 賢明な ■razonable(s) 合理的な、筋の通った
■general 将軍 ■se transformara en...>transformarse en... ～に姿を変える
■se apresuró>apresurarse 急ぐ ■gesto ジェスチャー ■absolutamente 完全な
■obedecen>obedecer 従う ■desobedezcan>desobedecer 従わない

　王さまの支配は完全で、疑問の余地がないものだった。でも、王さまはとても賢明だったので、出す命令はいつも筋の通ったものだった。

「もしわしが将軍に鳥に姿を変えよと命令したとして、将軍が従わなかったら、それは将軍がわるいのではない。わしがわるいのだ」

「すわってもいいでしょうか」小さな王子さまはたずねた。

「すわるよう、命令するぞ」王さまは答え、気をつけながら紫のローブをずらした。

　でも小さな王子さまはびっくりした。この星は本当に小さかったのだ。王さまは何を治めているのだろう。

「陛下」小さな王子さまは言った。「こんなことをおたずねするのをお許しください……」

「たずねるよう、命令するぞ」王さまは急いで言った。

「陛下……、陛下はいったい何を治めていらっしゃるのですか」

「すべてだ」王さまは答えた。

「すべて？」

　王さまは手を振って、自分の惑星、他の惑星、それからすべての星々を指した。

「これをぜんぶ？」

「これをぜんぶだ……」王さまは答えた。

　王さまの支配というのは、完全なだけでなく、すべてのものに及ぶのだったから。

「星たちも王さまの命令に従うのですか」

「もちろんだ」王さまは言った。「星たちはわしの言うことを完ぺきに聞くぞ。従わないなどと、許さん」

Semejante poder conmocionó al principito. ¡Si él tuviera tanto poder hubiese podido ver no solo cuarenta y cuatro, sino setenta y dos o incluso cien, o doscientas puestas del sol en un solo día, sin tener que mover su silla! Y se sintió un poco triste al pensar en su pequeño planeta que había abandonado. Decidió pedirle algo al rey:

—Me gustaría ver una puesta del sol… ¿Me daría esa satisfacción? Por favor, haga que se ponga el sol…

—Si yo le diera a un general la orden de volar de flor en flor como una mariposa, y el general no siguiera mi orden, ¿quién estaría equivocado, yo o él?

—Usted estaría equivocado —respondió el principito con firmeza.

—Exactamente. Como rey, debo ordenar a cada súbdito que haga las cosas que puede hacer —dijo el rey—. Mi poder viene de mi razón. Si ordenara a mis súbditos que se tirasen al mar, ellos se rebelarían contra mi reinado. Tengo el derecho de gobernar como rey porque mis órdenes tienen sentido.

—¿Qué hay de mi puesta del sol? —volvió a preguntar el principito. Él nunca olvidaba una pregunta que había hecho.

—Tendrás tu puesta del sol. Así lo ordeno. Pero esperaré hasta que sea el momento indicado.

—¿Y cuándo será el momento indicado?

—¡Ejem, ejem! —respondió el rey. Miró un enorme calendario.

—¡Ejem, ejem! ¡Eso será hacia… hacia… eso será hacia las siete cuarenta esta tarde! Ya verás cómo se obedecen mis órdenes.

■semejante このような、そんな ■conmocionó>conmocionar 衝撃を与える、動転させる ■satisfacción 満足（を与えるもの） ■siguiera>seguir 従う ■equivocado>equivocar 間違わせる ■firmeza 揺るぎなさ ■razón 理性 ■se tirasen>tirarse 身を投げる ■se rebelarían>rebelarse 反乱を起こす ■reinado 君臨、治世 ■enorme 巨大な

　あまりにも強大な権力に、小さな王子さまはショックを受けた。もしそんな権力が自分にあったら、日の入りを、1日に44回だけでなく、72回、100回、いや200回でも、椅子も動かさずに見ることができただろう。小さな王子さまは、あとに残してきた自分の小さな星のことを考えてなんだか悲しくなった。そして王さまにお願いをすることにした。

　「日の入りが見たいのです……。かなえてくださいますか？　日の入りを起こしてください……」

　「もしわしが将軍に、蝶のように花から花へと飛び回るよう命令したとして、将軍が従わなかったら、それはだれがわるいのじゃ──将軍か、わしか？」

　「王さまがわるいことになります」小さな王子さまはきっぱりと答えた。

　「そのとおりじゃ。王さまとして、わしは臣民一人ひとりができることを命令せねばならん」王さまは言った。「わしの権力はわしの理性の賜物じゃ。わしが臣民に海に飛び込むよう命令したら、やつらは反乱を起こすであろう。わしは筋の通った命令をするから、王さまとして治める権利があるのだぞ」

　「日の入りはどうなるのでしょうか？」小さな王子さまはたずねた。一度聞いた質問は絶対に忘れないのだ。

　「日の入りは見せてやろう。わしが命令する。しかし、ちょうどよい時間まで待つとしよう」

　「ちょうどよい時間とはいつですか」小さな王子さまは聞いた。

　「えへん！　えへん！」王さまは答えた。大きなカレンダーを見て、「えへん！　えへん！　それはだいたい……だいたい……、それはだな、今晩の7時40分ごろであろう！　わしの命令がどれだけきちんと実行されているか、見るがよいぞ」

El principito bostezó. Deseó poder tener su puesta del sol.

Y se estaba aburriendo.

—Ya no tengo nada que hacer aquí —le dijo al rey—. ¡Seguiré mi camino!

—No te vayas —le respondió el rey. Estaba muy orgulloso de tener un súbdito.

—No te vayas, ¡te haré ministro!

—¿Ministro de qué?

—¡De… de justicia!

—¡Pero aquí no hay nadie a quien juzgar!

—Nunca se sabe —dijo el rey—. No he visto todo mi reino aún. Estoy muy viejo. No tengo forma de viajar y me cansa caminar.

—¡Oh! Pero yo ya lo he visto —dijo el principito. Miró hacia el otro lado del planeta—. Allí tampoco vive nadie.

—Entonces te juzgarás a ti mismo —dijo el rey—. Es el trabajo más difícil de todos. Es mucho más difícil juzgarse a uno mismo, que juzgar a otra persona. Si puedes juzgarte a ti mismo, serás un hombre muy sabio.

—Yo puedo juzgarme a mí mismo en cualquier parte —dijo el principito—. No tengo necesidad de vivir aquí para hacer eso.

■aburriendo>aburrir 退屈させる ■ministro 大臣 ■juzgar 裁く ■reino 王国
■forma 方法、形式 ■me cansa>cansarse 疲れる ■necesidad 必要性

　小さな王子さまはあくびをした。日の入りが見たかった。それに、退屈だった。

　「ここでは、他にすることもありません」小さな王子さまは王さまに言った。「もう行くことにします！」

　「行ってはならん」王さまは答えた。臣民がいるのが得意でならなかったのだ。

　「行ってはならん──お前を大臣にしよう！」

　「何の大臣ですか？」

　「その……、司法大臣じゃ！」

　「でもここには、裁く相手がいないじゃありませんか！」

　「それはわからんぞ」王さまは言った。「わしも王国すべてをまだ見ておらん。わしは高齢で、旅行の手段がないし、歩くと疲れるのでな」

　「ああ！　でもぼくはもう見ました」小さな王子さまは言った。惑星の裏側をのぞいてみた。「あちら側にも、だれも住んでいませんよ」

　「それでは、自分を裁くのじゃ」王さまは言った。「これが一番難しい。自分を裁くのは他人を裁くよりずっと難しいのじゃぞ。自分を裁くことができれば、それは非常に賢いやつじゃ」

　「自分を裁くのは、どこにいてもできます」小さな王子さまは言った。「ここに住んでいなくてもできることです」

—¡Ejem, ejem! —dijo el rey—. Creo que en alguna parte del planeta vive una rata vieja. Yo la oigo por la noche. Juzgarás a esta rata vieja. La condenarás a muerte de vez en cuando. Y le permitirás vivir cada una de las veces. No debemos derrochar. Es la única que hay.

—A mí no me gusta la idea de condenar a muerte a nadie —dijo el principito—. Creo que debería irme.

—No —dijo el rey.

El principito no quería hacer enfadar al viejo rey:

—Su Majestad podría darme una orden razonable. Por ejemplo, podría ordenarme que me marche en menos de un minuto. Creo que es el momento indicado…

El rey no respondió. El principito esperó unos instantes. Luego, con un suspiro, dejó el planeta del rey.

—¡Te nombro mi embajador! —se apresuró a gritar el rey.

Habló con un aire de gran autoridad.

"Los adultos son muy extraños", se dijo el principito a sí mismo mientras se iba.

■rata ネズミ ■condenarás a...>condenar a... ～を宣告する ■derrochar 無駄にする、浪費する ■enfadar 怒らせる ■Majestad 陛下 ■me marche>marcharse 立ち去る ■menos de ～未満の、～以下の ■suspiro ため息 ■nombro>nombrar 指名する ■embajador 大使 ■gritar 叫ぶ ■autoridad 権力

「えへん！　えへん！」王さまが言った。「わしの惑星のどこかに、年寄りのネ
ズミが住んでおるはずじゃ。夜になったら聞こえるからな。この年寄りネズミ
を裁判にかけるのじゃ。時々、死刑を宣告するがよい。だがその度に、生かし
ておくのじゃぞ。無駄をしてはいかん。やつは 1 匹しかいないのじゃからな」

「だれかを死刑にするなんて、嫌です」小さな王子さまは言った。「ぼく、
もう行かなきゃ」

「だめじゃ」王さまは言った。

小さな王子さまは、年老いた王さまを怒らせたくなかった。

「陛下、一つ、筋の通った命令をくださるのはいかがでしょう。たとえば、
1 分以内にここを去るという命令を。ちょうどよい時間だと思いますが……」

王さまは答えなかった。小さな王子さまはもう少し待ってみて、ため息を
つきながら、王さまの惑星を去った。

「お前を大使に任命するぞ」王さまは急いで叫んだ。

権力者のような口ぶりだった。

「おとなって、かなり変わってるんだなあ」去りながら、小さな王子さまは
思った。

Capítulo XI

En el segundo planeta vivía un hombre muy vanidoso.

—¡Ah! ¡Aquí viene un admirador! —gritó apenas vio al principito.

Los vanidosos ven a todos los demás como sus admiradores.

—¡Buenos días! —dijo el principito—. Llevas un sombrero extraño.

—Este sombrero fue hecho para inclinarlo —le respondió el vanidoso—. Inclino mi sombrero cuando la gente me admira. Desgraciadamente, nunca viene nadie por aquí.

—Ah, ¿sí? —preguntó el principito. No comprendía.

—Aplaude con tus manos —dijo el hombre vanidoso.

El principito aplaudió. El hombre vanidoso levantó su sombrero y lo inclinó.

"Esto es más divertido que mi visita al rey", dijo para sí el principito. Y siguió aplaudiendo. El hombre vanidoso levantó su sombrero y lo volvió a inclinar.

Después de aplaudir por cinco minutos, el principito estaba aburrido.

—¿Por qué inclinas tu sombrero? —preguntó.

■admirador ファン ■demás その他の人・物 ■inclinarlo>inclinar お辞儀をする
■admira>admirar 称賛する ■aplaude>aplaudir 拍手する

第11章

　2つ目の惑星には、とてもうぬぼれの強い
男が住んでいた。

　「ははあ、ファンが来たぞ！」小さな王子さ
まを見かけたとたん、彼は叫んだ。

　うぬぼれ屋には、だれもがファンに見えるのだ。

　「おはよう」小さな王子さまは言った。「変わった帽子をかぶってるね」

　「この帽子はご挨拶用なのさ」うぬぼれ屋は言った。「人が誉めそやしてく
れるときに、この帽子をちょいとちょいと傾けるのさ。不幸なことに、ここ
までやってくる人はいないがね」

　「ほんとう？」小さな王子さまは言った。わけがわからなかったのだ。

　「手をたたいてごらん」うぬぼれ屋は言った。

　小さな王子さまは手をたたいた。うぬぼれ屋は帽子を片手で傾けて、挨拶
した。

　「こっちのほうが、王さまのところより面白そうだぞ」小さな王子さまは
心の中で思った。そして、さらに拍手をした。うぬぼれ屋はまた、帽子を傾
けて挨拶した。

　5分ほど手をたたき続けたら、小さな王子さまは飽きてしまった。

　「どうして帽子を傾けて挨拶するの？」小さな王子さまはたずねた。

Pero el hombre vanidoso no lo escuchó. La gente vanidosa nunca escucha nada a excepción de las alabanzas.

—¿Realmente me admiras mucho? —le preguntó al principito.

—¿Qué significa 'admirar'? —dijo el principito.

—Admirarme significa que consideras que soy la persona más hermosa, mejor vestida, más rica y más inteligente en este planeta.

—¡Pero tú eres la única persona en este planeta!

—¡Por favor, admírame de todas maneras!

—Te admiro —dijo el principito sin entender—. Pero, ¿por qué te importa tanto?

Y luego abandonó el planeta.

"Los adultos son realmente muy extraños", se dijo el principito a sí mismo mientras seguía su camino.

 # Capítulo XII

En el siguiente planeta vivía un hombre que bebía demasiado. La visita del principito en este planeta fue muy corta, pero le entristeció muchísimo.

■alabanza 称賛　■de todas maneras とにかく　■extraño(s) 奇妙な
■entristeció＞entristecer 悲しませる

けれど、うぬぼれ屋には小さな王子さまの声が聞こえなかった。うぬぼれ屋というのは、称賛以外は耳に入らないのだ。

「きみは、本当におれを称賛してる？」彼は小さな王子さまにたずねた。

「『称賛する』って、どういうこと？」小さな王子さまは言った。

「称賛するっていうのは、おれのことをこの惑星で一番かっこよくて、一番素敵な服を着ていて、一番お金持ちで、一番頭がいいと思うってことさ」

「だけど、この惑星にはきみしかいないじゃないか！」

「どうでもいいから、おれを称賛しておくれよ！」

「きみを称賛するよ」わけがわからないまま小さな王子さまは言った。「だけど、それがどうしてそんなに大事なの？」

そして、小さな王子さまはその惑星を去った。

「おとなって、本当にものすごく変わってるんだな」旅を続けながら、小さな王子さまは心の中で言った。

第12章

次の惑星には、のんべえが住んでいた。小さな王子さまはこの惑星には少しの間しかいなかったが、ものすごく悲しくなった。

—¿Qué haces aquí? —preguntó al borracho. El borracho tenía muchas botellas delante de él. Algunas de las botellas estaban vacías y otras llenas.

—Bebo —respondió el borracho con una voz lúgubre.

—¿Por qué bebes? —le preguntó el principito.

—Bebo para olvidar —dijo el borracho.

—¿Para olvidar que? —preguntó el principito, quien ya se sentía triste por él.

—Para olvidar cuan horrible me siento. —le dijo el borracho, hundiéndose en su asiento.

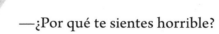

—¿Por qué te sientes horrible? —preguntó el principito. Quería ayudarlo.

—¡Horrible por beber! —respondió el borracho. Y no dijo más.

Y el principito se marchó. No comprendía lo que había visto.

—Los adultos son realmente muy, muy extraños—, se dijo el principito a sí mismo.

「ここで何をしているの？」小さな王子さまはのんべえにたずねた。のんべえの前にはたくさんの瓶があった。空のものもあれば、いっぱいのものもある。

「飲んでるんだよ」のんべえは、うつろな声で答えた。

「どうして飲むの？」小さな王子さまはたずねた。

「忘れるためさ」のんべえは答えた。

「何を忘れるの？」もう気の毒になりながら、小さな王子さまはたずねた。

「この嫌な気持ちを忘れるためさ」椅子にますます沈みこみながら、のんべえは答えた。

「どうして嫌な気持ちになるの？」小さな王子さまはたずねた。のんべえを助けたかったのだ。「飲むからだよ！」のんべえは答えた。そしてもう、何も言わなかった。

　小さな王子さまはその星をあとにした。そこで目にしたことの意味がわからなかった。

「おとなって、本当に、とてもとても変わってるなあ」彼はつぶやいた。

■borracho 酔っ払い　■botella(s) 瓶　■vacías>vacío 空の　■lúgubre 陰気な
■horrible 嫌な、恐ろしい　■hundiéndose>hundirse 沈む　■asiento 席

覚えておきたいスペイン語表現

> ¡nunca se sabe lo que puede ocurrir! (p.74, 6行目)
> わからないからね！

【解説】不確定事項に言及する便利な表現です。文中では、無人称のseを使い、あえて主語を明確にしていませんが、Nadie sabe lo que puede ocurrir.（誰も何か起こるかわからない）や ¡Quién sabe lo que puede ocurrir!（何か起こるか誰がわかるか！）も意味は同じです。休火山でも噴火する可能性に備えてちゃんと掃除する王子さまの性格がよく表れた文ですね。

【例文】

① Nunca se sabe. (p.86, 11行目)
それはわからんぞ。
＊ 王子さまの言ったことばに対する王さまの反論

② Nadie sabe cómo termina esta guerra.
この戦争の行く末は誰にもわからない。

③ ¡Quién sabe cuándo llegará la paz mundial!
いつになったら世界平和が訪れるのだろう！

> Y tú has sido tan tonto como yo. (p.76, 7-8行目)
> あなたもわたくしとおなじくらいばかだったのよ。

【解説】tan Ⓐ（形容詞）como Ⓑ（名詞または動詞）で、「ⒷとおなじだけⒶである」という同等を示す表現です。気位の高い花は最後まで強気ですが、実は王子さまと自分自身を冷静に分析していたのもまた花だったのです。別れ際の強がりが伝わってきて、胸が締めつけられてしまいます。

【例文】

① La chica era tan guapa como una modelo.
その女の子はモデルのように美人だった。

② No soy tan príncipe como yo creía... (p.142, 下から2行目)
これじゃあ、王子さまなんかじゃないよ……

> Ahora me da vergüenza... （p.80, 6行目）
> それではきまりがわるくて……

【解説】dar vergüenzaで「恥ずかしい」という意味ですが、構文としては、darの目的語としてme（わたしに）やte（きみに）を補い、

> me（わたしに）　da（与える）　vergüenza（恥を）.

という形になります。あくびは、「あくびをせよ」なんて命令されて出るものはありませんよね。Ahoraと言っているのは、これまで自然に出ていたあくびが、今、命令されたことによって出なくなってしまったというニュアンスを表しています。

【例文】
① Me da vergüenza su comportamiento.
彼の行動には目を覆う。

② ¿Os da vergüenza ir al baño público?
銭湯に行くの恥ずかしい？
＊ スペイン人や中南米の人はお風呂に他人と一緒に入る文化がないので、人前で裸になる銭湯などの公衆浴場に行くのが恥ずかしい人が多いようです。

> Tengo el derecho de gobernar como rey porque mis órdenes tienen sentido. （p.84, 下から10-9行目）
> わしは筋の通った命令をするから、王さまとして治める権利があるのだぞ。

【解説】tener el derecho de 不定詞 は「…する権利がある」という表現で、日常会話でも、自分の権利を主張する際に使える表現です。また、tener sentidoは、「理にかなっている、筋が通っている」という意味になります。王さまは、理にかなった命令を下すように努力しているようですが、誰よりも人の上に立ちたいという目的が理にかなっていないようです。

【例文】
① Todo el mundo tiene derecho de expresar su sentimiento.
誰もが自分の思いを伝える権利がある。

② Tu lógica no tiene sentido.
きみの理論は筋が通っていないよ。

③　Eso tiene sentido.　(p.106, 1行目)
それは理屈が通ってるなぁ。

＊ 相手の話に納得できるできるときに使う表現。「なるほど」とも訳せます。

Bebo para olvidar.　(p.94, 6行目)
忘れるためさ。

¡Horrible por beber!　(p.94, 下から6行目)
飲むからだよ！

【解説】文中でも、La visita del principito en este planeta fue muy corta, pero le entristeció muchísimo.（小さな王子さまはこの惑星には少しの間しかいなかったが、ものすごく悲しくなった）とあるとおり、第12章はとても短い章にもかかわらず、読み手を悲しみに暮れさせる描写が詰まっています。¿Por qué bebes?（どうして飲むの？）という質問に対し、paraを使って「（単純な）目的・目標」を表している一方で、¿Por qué te sientes horribles?（どうして嫌な気持ちになるの？）という質問にはporを使って「動機・根拠」を示しています。このように、paraとporはどちらも理由を表すときに使う前置詞ですが、根底にある意味合いに違いがあります。

【例文】
①　No hay razón para hacer eso...　(p.176, 5行目)
そんなことをする理由は一つもないのにね……

②　Era dulce por nuestro caminar bajo las estrellas, por el canto de la polea, por el esfuerzo de mis brazos.　(p.178, 下から6-5行目)
これが甘いのは、ぼくらが星降る空の下を歩き、滑車が歌い、ぼくが腕に力を込めて汲んだからだ。

③　Lo hice para ti.
ぼくはきみのために（きみの分として）それを作ったんだ。

④　Lo hice por ti.
ぼくはきみのために（きみを思って）それを作ったんだ。

Parte 4

---- ✳ ----

Capítulo 13-16

Capítulo XIII

En el cuarto planeta vivía un hombre de negocios. Este hombre estaba tan ocupado que ni siquiera vio llegar al principito.

—Hola —dijo el principito. —Tu cigarrillo se ha apagado.

—Tres y dos son cinco. Cinco y siete son doce. Doce y tres son quince. Hola. Quince y siete son veintidós. Veintidós y seis son veintiocho. No tengo tiempo de volver a encenderlo. Veintiséis y cinco son treinta y uno. ¡Uf! Esto suma quinientos un millones seiscientos veintidós mil setecientos treinta y uno.

—¿Quinientos millones de qué? —preguntó el principito.

—¿Qué? ¿Estás ahí todavía? Quinientos un millones de… ya no recuerdo… ¡Tengo mucho que hacer! ¡Yo soy un hombre importante y no tengo tiempo para tonterías! Dos y cinco son siete…

—¿Quinientos un millones de qué? —volvió a preguntar el principito. Una vez que había hecho una pregunta, nunca se daba por vencido.

El hombre de negocios levantó la cabeza. Él dijo:

—En los cincuenta y cuatro años que hace que vivo en este planeta, sólo he tenido que parar tres veces. La primera fue hace veintidós años, cuando cayó un bicho desde quien sabe dónde. Hacía el ruido

■negocio(s) 商業、実業　■se ha apagado>apagarse 消える　■tontería(s) 馬鹿（なこと）、価値のないこと　■se daba por vencido>darse por vencido 敗北（したこと）を認める
■bicho 虫　■ruido 騒音

第13章

　4つ目の惑星には、実業家が住んでいた。この男はあまりにも忙しかったので、小さな王子さまが着いたのも目に入らなかった。

　「こんにちは」小さな王子さまは言った。「タバコの火が消えてますよ」

　「3足す2は5。5足す7は12。12足す3は15。こんにちは。15足す7は22。22足す6は28。火をつけ直す時間がないんだ。26足す5は31。ふう！これで5億162万2731だ」

　「5億って何が？」小さな王子さまはたずねた。

　「なんだって？　まだいたのか？　5億100万の……思い出せん……しなけりゃならないことが一杯あるんだ！　おれは重要人物なんだぞ——ばかなお遊びに付き合っている暇はないんだ！　2足す5は7……」

　「5億100万の、何があるの？」小さな王子さまはたずねた。一度たずね出したら、絶対にやめないのだ。

　実業家は顔を上げた。そして言った。

　「この惑星に54年住んでるが、無理やりストップさせられたのは三度だけだ。一度は22年前で、どこからか知らないが虫が落ちてきたときだ。とんでもないひどい音がして、計算を4つ間違えたよ。二度目は11年前で、お

más espantoso y cometí cuatro errores en una suma. La segunda vez fue hace once años cuando me enfermé. Yo no hago suficiente ejercicio. No tengo tiempo que perder. Soy un hombre importante. Y la tercera vez... ¡es ésta! Como estaba diciendo, quinientos un millones...

—¿Millones de qué?

El hombre de negocios comprendió que el principito no dejaría de preguntar. Y respondió:

—Millones de esos pequeños objetos que a veces se ven en el cielo.

—¿Moscas?

—¡No, no, los objetos pequeños que brillan!

—¿Abejas?

—No. Los objetos pequeños dorados que hacen soñar a los holgazanes. ¡Yo soy un hombre importante y no tengo tiempo para holgazanear y soñar!

—¡Ah! ¿Te refieres a las estrellas?

—Sí. Eso es. Estrellas.

—¿Y qué haces tú con quinientos millones de estrellas?

—Quinientos un millones seiscientos veintidós mil setecientos treinta y uno. Yo soy un hombre importante. Las sumo con cuidado.

—¿Y qué haces con esas estrellas?

—¿Que qué hago con ellas?

—Sí.

—Nada. Las poseo.

■espantoso 恐ろしい ■cometí>cometer（間違いを）犯す ■me enfermé>enfermerse 病気になる（ややくだけた言い方）■mosca(s) ハエ ■brillan>brillar 輝く ■abeja(s) ミツバチ ■soñar 夢を見る ■holgazanes>holgazán 怠け者 ■holgazanear 怠ける

れが病気になったんだ。運動が足りないんでな。
無駄にする時間はないんだ。おれは重要
人物なんだぞ。三度目は……今だ！
さっきの続きは、5億100万……」

「何100万もの、何があるの？」
　実業家は、小さな王子さまが質問を
やめそうにないのに気が付いた。
「時々空に見える何百万のモノさ」
「ハエのこと？」
「違う、違う。光る小さなものだ」
「ミツバチかなあ？」
「違う。小さくて金色で、怠け者が夢を見る
あれさ。だがおれは重要人物なんだぞ。だらだらと夢を見ている暇はないん
だ！」
「ああ、星のこと？」小さな王子さまは言った。
「そう、それだ。星だ」
「5億もの星をどうするの？」
「5億162万2731の星だ。おれは重要人物なんだぞ。慎重に星の足し算を
するんだ」
「それで、その星をどうするの？」
「どうするかって？」
「そう」
「どうもしやせんよ。おれの所有物なんだ」

■te refieres a...>referirse a... ～に言及する　■con cuidado　慎重に　■poseo>poseer　所
有する

—¿Las estrellas son tuyas?

—Sí.

—Pero yo acabo de conocer un rey que...

—Los reyes no poseen cosas... Ellos reinan sobre las cosas. Es muy diferente —le dijo el hombre de negocios.

—¿De qué te sirve poseer las estrellas?

—Me hace ser rico.

—¿De qué te sirve ser rico?

—Ser rico me sirve para comprar más estrellas, si alguien las descubre.

"Este hombre piensa de la misma manera que el borracho", se dijo a sí mismo el principito. No obstante, hizo algunas preguntas más:

—¿Cómo es posible que poseas las estrellas?

—¿De quién son las estrellas? —contestó furiosamente el hombre de negocios.

—No sé. . . De nadie.

—Entonces son mías, puesto que he sido el primero que pensó en poseerlas.

—¿Eso es suficiente?

—Por supuesto que sí. Cuando encuentras un diamante que no es de nadie, el diamante es tuyo. Cuando encuentras una isla que no pertenece a nadie, la isla es tuya. Cuando eres el primero en tener una idea, es tuya. Y yo, yo poseo las estrellas puesto que nadie más pensó nunca en poseerlas.

■acabo de...>acabar de... ～したばかりである　■reinan>reinar 統治する
■sirve>servir 役に立つ　■no obstante しかし、とはいえ　■furiosamente 怒って
■puesto que... ～だから　■diamante ダイヤモンド　■pertenece a...>pertenecer a...
～のものである　■idea アイデア　■pensó en...>pensar en... ～を思いつく

「星を持ってるの？」

「そうだ」

「でもぼくの会った王さまがもう……」

「王さまは何も所有してないさ。治めるだけだ。大変な違いだぞ」実業家は言った。

「星を所有することがどうしてそんなに大事なの？」

「金持ちになれるからさ」

「金持ちになるのがどうしてそんなに大事なの？」

「金持ちなら、他の星が見つかったとき、もっと買えるからな」

「この男はのんべえと同じ考え方をしているな」小さな王子さまは思った。それでも、もういくつか質問をしてみた。

「星を所有するなんて、どうやってできるの？」

「ほかにだれが所有してるっていうんだ？」実業家は怒って答えた。

「わからないよ。だれでもないよ」

「だったら、おれのものだ。最初に星の所有を考えたのはおれなんだから、おれのものだ」

「それだけでいいの？」

「もちろんいいんだとも。だれのものでもないダイヤモンドを見つけたら、そいつは見つけたやつのものだ。だれのものでもない島を見つけたら、それは見つけたやつのものになるんだ。何かアイデアを最初に思いついたら、そのアイデアは自分のものになる。星を持つってことをだれも考えつかなかったから、星はおれのものなのさ」

—Eso tiene sentido —dijo el principito—. ¿Y qué haces con ellas?

—Las cuento y las recuento —dijo el hombre de negocios—. Es un trabajo difícil. ¡Pero yo soy un hombre importante!

El principito no había terminado de hacer preguntas.

—Si yo poseo una bufanda, puedo ponérmela al cuello y llevarla conmigo. Si yo poseo una flor, puedo recogerla y llevarla conmigo. ¡Pero tú no puedes llevar las estrellas contigo!

—No, pero puedo colocarlas en el banco—dijo el hombre de negocios.

—¿Qué quiere decir eso?

—Quiere decir que escribo en un papel el número de estrellas que poseo. Y luego lo guardo bajo llave en un lugar seguro.

—¿Y eso es todo?

—¡Es suficiente!

—Es divertido—pensó el principito—. Es una idea interesante. Pero no tiene mucho sentido.

El principito pensaba muy distinto sobre los asuntos importantes. Le dijo al hombre de negocios:

—Yo tengo una flor a la que riego todos los días. Tengo tres volcanes a los que limpio una vez por semana. Soy útil para mi flor y para mis volcanes. Pero tú no eres útil para las estrellas.

El hombre de negocios abrió la boca, pero no encontró nada que decir. El principito abandonó ese planeta.

"Los adultos son realmente muy inusuales", se dijo a sí mismo mientras continuó su camino.

■recuento>recontar 再び数える ■había terminado de>terminar de ～を終える
■bufanda マフラー、襟巻き ■colocarlas>colocar 置く ■quiere decir>querer decir
～を意味する ■guardo>guardar 保管する ■bajo llave 鍵をかけて ■sentido 意味

「それは理屈が通ってるなあ」小さな王子さまは言った。「それで、星をどうするの？」

「数えて、また数えるのさ」実業家は言った。「大変な仕事さ。でもおれは重要人物だからな！」

でも小さな王子さまは、まだ質問がすんでいなかった。

「襟巻きがぼくのものなら、首に巻きつけて持っていけるよ。花なら、つんで持っていける。でも星は持っていけないじゃないか！」

「無理さ、だが銀行に入れることができる」実業家は言った。

「それはどういうこと？」

「つまり、おれが持つ星の数を紙に書くんだ。それを安全なところにしまって、鍵をかけておくのさ」

「それだけ？」

「それで十分だ！」

「おかしいなあ」小さな王子さまは思った。「面白い考えだけど、意味が通らないよ」

大切なことについては、小さな王子さまはもっと別の考え方をしていたのだ。

小さな王子さまは実業家に言った。

「ぼくは花を持ってるけど、花には毎日水をやるよ。火山は三つあるけど、週に一度はきれいにする。ぼくは、花や火山にとって役に立ってるんだ。でもきみは星の役に立っていないじゃないか」

実業家は口を開いたが、何も思いつかなかった。それで、小さな王子さまは去った。

「おとなは本当にとても変わっているんだな」旅を続けながら、小さな王子さまは思った。

■distinto 違った、別の　■riego>regar 水をまく　■útil 役に立つ　■encontró>encontrar 見つける　■abandonó>abandonar （場所を）離れる

Capítulo XIV

El quinto planeta era muy extraño. Era el más pequeño de todos. Apenas había sitio para un farol y un farolero. El principito no lograba entender por qué, en un planeta sin casas y sin otra gente, había un farol y un farolero. Sin embargo, se dijo a sí mismo:

"Tal vez la presencia de este farolero sea absurda. Sin embargo, él es menos absurdo que el rey, el hombre vanidoso, el hombre de negocios y el borracho. Por lo menos el trabajo del farolero tiene sentido. Cuando enciende su farol, es como si creara una estrella más o una flor. Cuando lo apaga, es como si hiciera dormir a la estrella o a la flor. Es un trabajo muy bonito. Y es útil porque es bonito".

En cuanto llegó al planeta, el principito saludó al farolero:

—¡Hola! ¿Por qué apagaste tu farol?

—Esas son mis órdenes —respondió el farolero—. ¡Buenos días!

—¿Cuáles son las órdenes?

—Apagar el farol. ¡Buenas noches! —Y encendió el farol nuevamente.

■farol 街灯 ■farolero 点灯夫 ■lograba>lograr 成し遂げる、達成する ■presencia 存在 ■absurda>absurdo ばかげた ■por lo menos 少なくとも ■enciende>encender 点灯する ■apaga>apagar 消す ■en cuanto ～するとすぐ ■saludó>saludar 挨拶する ■órdenes>orden 命令

第14章

　5つ目の惑星は、とても変わっていた。今までの中で一番小さい惑星だった。街灯と点灯夫がおさまるだけのスペースしかなかったのだ。小さな王子さまは、家も他の人もいない惑星に、なぜ街灯があり、点灯夫がいるのかわからなかった。でも心の中で思った。

　「点灯夫がいるのはばかげたことかもしれない。でもこの点灯夫は、王さまや、うぬぼれ屋や、実業家やのんべえよりはまだましだ。少なくとも、この人の仕事には意味があるもの。彼が火を灯したら、星か花をもう一つ、つくり出すことになるんだろう。火を消すときには、星か花を眠りにつかせるようなものなんだ。なんだかきれいな仕事だなあ。そして、きれいだから、役にも立っているんだ」

　惑星に着くとすぐ、小さな王子さまは点灯夫に挨拶した。

　「こんにちは。どうして街灯を消したの？」

　「命令を受けているからさ」点灯夫は答えた。「おはよう」

　「命令って、どんな？」

　「街灯を消すことさ。こんばんは」そして点灯夫は、また街灯に火を点けた。

—¿Pero por qué recién encendiste el farol de nuevo? —preguntó el principito.

—Esas son mis órdenes —le dijo el farolero.

—No lo comprendo —dijo el principito.

—No hay nada que comprender —respondió el farolero—. Las órdenes son órdenes. ¡Buenos días! Y apagó su farol.

Luego se limpió la cara con un pañuelo.

—Tengo un trabajo terrible. Solía tener sentido. Yo apagaba el farol por la mañana y luego lo encendía por la noche. Tenía el resto del día para relajarme y el resto de la noche para dormir…

—¿Y luego cambiaron las órdenes?

—Mis órdenes no han cambiado —dijo el farolero—. ¡Ese es el problema! ¡Cada año, el planeta gira cada vez más rápido y mis órdenes no han cambiado!

—¿Entonces qué ha sucedido? — preguntó el principito.

—Ahora el planeta da una vuelta cada minuto y yo no tengo tiempo de descansar. ¡Enciendo y apago el farol una vez por minuto!

—¡Qué gracioso! ¡El día en tu planeta sólo dura un minuto!

■recién ついさっき、最近　■pañuelo ハンカチ　■solía>soler いつも〜する、〜が常である
■relajarme>relajarse 休む　■gira>girar 回る　■ha sucedido>suceder 起こる、生じる

「でも、どうしてまた点けたの？」小さな王子さまはたずねた。

「命令を受けているからさ」点灯夫は答えた。

「わからないよ」小さな王子さまは言った。

「わからなきゃならないことなんて、何もないさ」点灯夫は答えた。「命令は命令だよ。おはよう」そして街灯を消した。

それからハンカチで顔をぬぐった。

「この仕事はひどいよ。昔はちゃんとしてたんだ。朝、街灯を消して、夜点ける。それ以外の昼の時間は休んで、それ以外の夜の時間は眠れたんだが……」

「それから命令が変わったの？」

「命令は変わっていないよ」点灯夫は言った。「それが問題なんだ！　この惑星は、毎年どんどん早く回転しているのに、命令は変わらないんだ！」

「どうなったの？」小さな王子さまがたずねた。

「今じゃ1分に1度回転するから、休むひまがないんだ。毎分、街灯を点けたり消したりしているんだよ！」

「なんておかしいんだろう！　きみの惑星の1日はたった1分なんだね！」

—No tiene nada de gracioso —dijo el farolero—. Hemos estado hablando por un mes entero.

—¿Un mes?

—Sí. ¡Treinta minutos! ¡Treinta días! ¡Buenas noches! Y volvió a encender su farol.

El principito admiraba a este farolero que tan fielmente cumplía sus órdenes. Recordó las puestas del sol en su propio planeta y cómo trataba de verlas moviendo su silla. Quiso ayudar al farolero. Le dijo:

—Yo sé cómo puedes descansar cuando lo necesites…

—Siempre necesito un descanso —dijo el farolero.

Se pueden seguir órdenes y ser perezoso a la vez.

El principito prosiguió:

—Tu planeta es tan pequeño que puedes darle la vuelta en tres pasos. Incluso si caminas muy lentamente siempre será de día. Entonces, cuando quieras descansar, puedes caminar… y el día durará tanto como quieras.

—Eso no me ayudará mucho —dijo el farolero—. Lo que realmente quiero hacer es dormir.

—Qué desafortunado —dijo el principito.

—Desafortunado —replicó el farolero —. Buenos días.

Y apagó su farol.

Mientras el principito proseguía su viaje, iba diciendo para sí: "El farolero sería despreciado por todas las personas que he conocido, el rey, el vanidoso, el borracho, el hombre de negocios. Y, sin embargo,

■fielmente 忠実に　■cumplía>cumplir 達成する、果たす　■trataba de>tratar de ～しようとする　■vuelta 一周、一巡り　■durará>durar 続く　■desafortunado 不幸な、残念な

「ちっともおかしかないね」点灯夫は言った。「おれたち、もう丸ひと月も
しゃべってるんだぜ」

「ひと月も？」

「そうさ、30分！　30日！　こんばんは」そして街灯をまた点けた。

小さな王子さまは、命令にこんなに忠実な点灯夫をすごいと思った。自分
の惑星の入り日を思い出し、椅子を動かして何度も見ようとしたのを思い出
した。小さな王子さまは、点灯夫を助けたくなって言った。

「休みが必要なときに取れる方法を知ってるよ……」

「休みなら、いつも必要だね」点灯夫は言った。

命令に従いながら、同時にゆっくりすることも可能なのだ。

小さな王子さまは続けた。

「きみの惑星は小さいから、3歩で一周できる。ゆっくり歩いても、いつ
も昼間だよ。だから、休みたいときには歩けば……、好きなだけ昼間が続く
よ」

「それはあんまり役に立たないよ」点灯夫は言った。「本当にしたいのは、
寝ることなんだから」

「それはついてないね」小さな王子さまは言った。

「ついてないな」点灯夫は同意した。「おはよう」

そして街灯を消した。

旅を続けながら、小さな王子さまは思った。「あの点灯夫は、ぼくの出会
った全員に見下されるだろう——王さまにも、うぬぼれ屋にも、のんべえに
も、実業家にも……。でもぼくには、ばかげて見えないのはあの人だけだ。

es el único que no me parece absurdo, quizás porque es el único que está pensando en otra cosa y no en sí mismo".

El principito suspiró y se dijo a sí mismo:

"Él es el único que podría haber sido mi amigo. Pero su planeta es realmente demasiado pequeño. No hay lugar para dos…"

¡Al principito también le hubiera gustado quedarse en este pequeño planeta porque tenía mil cuatrocientas cuarenta puestas del sol cada veinticuatro horas!

Capítulo XV

El sexto planeta era diez veces más grande que el anterior. En este planeta vivía un anciano que escribía libros muy grandes.

—¡Bueno, aquí hay un explorador! —exclamó el anciano cuando vio al principito.

El principito se sentó a la mesa. Estaba cansado. ¡Había viajado ya tan lejos!

—¿De dónde vienes? —le preguntó el anciano.

—¿Qué libro es este tan grande? ¿Qué hace usted aquí? —preguntó el principito.

■suspiró>suspirar ため息をつく ■anterior 前 ■anciano 老人 ■explorador 探検家

たぶん、自分以外のことを考えてるのはあの人だけだからだろう」

　小さな王子さまはため息をついて、独り言を言った。
「友達になれそうなのはあの人だけだったのに。でも、あの星は小さすぎる。二人には狭すぎるんだ……」
　小さな王子さまがその小惑星にもっといたかった理由はもう一つ、入り日が24時間に1440回もあるからだった！

第１５章

　6つ目の惑星は、5つ目の惑星より10倍も大きくて、非常に大きな本を書くおじいさんが住んでいた。
「ほう！　探検家じゃな」小さな王子さまを見て、おじいさんは叫んだ。

　小さな王子さまはおじいさんの机の上にすわった。疲れていたのだ。とても遠くまで旅してきたのだから！
「どこから来たのじゃな？」おじいさんはたずねた。
「この大きい本はなんですか？　ここで何をしているんですか？」小さな王子さまがたずねた。

—Soy geógrafo —dijo el anciano.

—¿Qué es un geógrafo?

—Un geógrafo es una persona que sabe dónde se encuentran todos los mares, los ríos, las ciudades, las montañas y los desiertos.

—Eso es muy interesante —dijo el principito—. ¡Por fin, este es un trabajo verdadero!

Y dirigió una mirada por el planeta del geógrafo. Nunca había visto un planeta tan grande y hermoso.

—Su planeta es muy hermoso. ¿Hay muchos océanos?

—No lo sé —respondió el geógrafo.

—¡Oh! (El principito estaba decepcionado).

—¿Hay montañas?

—No lo sé —dijo el geógrafo.

—¿Y ciudades, ríos y desiertos?

—Tampoco sé eso —dijo el geógrafo.

—Pero usted es un geógrafo!

■geógrafo 地理学者　■verdadero 本当の　■dirigió>dirigir 向ける　■mirada 視線
■decepcionado>decepcionar がっかりさせる

「わしは地理学者じゃ」おじいさんは言った。

「地理学者ってなんですか?」

「海、川、町、山、砂漠のある場所をぜんぶ知っている人のことじゃよ」

「それはとても面白いですね」小さな王子さまは言った。「これこそ、本物の仕事だ!」

そして、地理学者の惑星を見回した。こんなに大きくて、美しい惑星は見たことがなかった。

「とても美しい惑星ですね。海はたくさんあるんですか?」

「知らんよ」地理学者は答えた。

「えっ」(小さな王子さまはがっかりした)

「山はあるんですか?」

「知らんね」地理学者は答えた。

「町や川や砂漠は?」

「それも、知らん」地理学者は答えた。

「でもあなたは地理学者でしょう!」

—Eso es cierto —dijo el geógrafo—. Pero no soy un explorador. No hay exploradores aquí. El trabajo de un geógrafo no es buscar ciudades, ríos, montañas, océanos o desiertos. Un geógrafo es demasiado importante para hacer eso. Un geógrafo nunca deja su escritorio. Pero yo hablo con los exploradores y tomo nota de lo que ellos han visto. Si me interesa algo de lo que dice un explorador, entonces debo averiguar si el explorador es bueno o no.

—¿Por qué?

—Porque un explorador que miente crearía unos problemas terribles para los libros de geografía. Al igual que un explorador que bebiera demasiado.

—¿Por qué? —preguntó el principito.

—Porque los borrachos ven doble. Y entonces yo pondría dos montañas donde solamente debería haber una.

—Conozco a alguien que sería un mal explorador —dijo el principito.

—Es posible. Entonces, una vez que sé que el explorador es bueno, debo investigar su descubrimiento. —¿Va allí a ver?

—No. Eso sería complicado. Pero el explorador debe demostrarme que su descubrimiento es real. Si el explorador ha descubierto una gran montaña, entonces le exijo que me muestre algunas piedras grandes.

De pronto el geógrafo se entusiasmó. Exclamó: —¡Pero tú vienes de muy lejos! ¡Tú eres un explorador! ¡Debes contarme sobre tu planeta!

■escritorio 机、事務所 ■tomo nota de>tomar nota de ～を書き留める ■averiguar 調査する、確認する ■miente>mentir 嘘をつく ■terrible(s) 恐ろしい ■al igual que... ～と同様に ■doble 二重に ■descubrimiento 発見 ■complicado 難しい、複雑な

「その通り」地理学者は言った。「だが、わしは探検家ではない。この星には探検家はおらんのじゃ。町や川や山や海や砂漠を探すのは地理学者の仕事じゃない。そんなことをするには偉すぎるのでな。地理学者は絶対に机を離れん。だが探検家と話して、彼らの見てきたことを書き留める。そいつの話が面白ければ、その探検家がちゃんとした人間かどうかを調べるのじゃ」

「なぜですか？」

「探検家がうそつきだと、地理学の本にとんでもない問題が起こるからじゃ。飲みすぎる探検家も同じじゃ」

「どうしてですか？」小さな王子さまはたずねた。

「のんべえには物事が二重に見えるからじゃ。そうすると、山が一つしかないところに、二つ書き込んでしまうことになる」

「わるい探検家になりそうな人を知ってますよ」小さな王子さまは言った。

「ありうる話だ。探検家がちゃんとした奴だとわかったら、そいつの発見したことを研究するのじゃ」

「その発見を見に行くんですか？」

「いいや。それは難しい。だが探検家は、自分の発見が本物だということをわしに証明しなければならん。大きな山を見つけたのなら、大きな岩石を持って来させるのじゃ」

地理学者は急に、興奮して叫んだ。「きみは遠くから来たんじゃないか！きみは探検家だ！きみの惑星について話してくれ！」

■demostrarme>demostrar 示す　■exijo>exigir 要求する　■se entusiasmó>
entusiasmarse 熱狂する

El geógrafo abrió su libro y sacó su lápiz. Siempre escribía primero con lápiz. Esperaba hasta que el explorador demostrara su descubrimiento para escribir con un bolígrafo.

—¿Entonces? —dijo el geógrafo.

—¡Oh! Mi hogar no es muy interesante —dijo el principito—. Es muy pequeño. Tengo tres volcanes. Dos están activos y uno está inactivo. Pero nunca se sabe.

—Nunca se sabe —dijo el geógrafo.

—También tengo una flor.

—No escribo sobre las flores —dijo el geógrafo.

—¿Por qué no? ¡Son tan hermosas!

—Porque las flores son efímeras.

—¿Qué quiere decir con 'efímeras'?

—Los libros de geografía son los libros más importantes de todos —dijo el geógrafo—. Nunca se vuelven obsoletos. Es muy inusual que una montaña cambie de sitio. Es muy inusual que un océano se seque. Los geógrafos escribimos sobre cosas que nunca cambian.

—Pero un volcán inactivo puede volver a despertarse —dijo el principito—. ¿Qué quiere decir con 'efímera'?

—A los geógrafos no nos importa si un volcán está inactivo o activo. Lo que nos importa es la montaña. Esta no cambia.

—Pero, ¿qué significa 'efímera'? —exigió el principito. Una vez que había hecho una pregunta, nunca se daba por vencido.

—Significa 'algo que no va a durar'.

■efímeras>efímero はかない、つかの間の　■obsoleto 時代遅れの、古い　■se seque> secarse 乾く　■exigió>exigir 要求する　■durar 長持ちする

　地理学者は本を開き、鉛筆を取り出した。最初は、かならず鉛筆を使うのだ。探検家が自分の発見を証明するまで待って、それからペンで書くのだ。

　「さて？」地理学者は言った。

　「ああ、ぼくの住んでいる星はあまり面白くありませんよ」小さな王子さまは言った。「とても小さいんです。火山が三つあります。二つは活火山で、もう一つは眠っています。でもわかりませんけどね」

　「わからんぞ」地理学者は言った。

　「花もあります」

　「わしは花については書かん」地理学者は言った。

　「どうしてですか？　あんなにきれいなのに！」

　「花は、はかないからじゃ」

　「『はかない』って、どういうことですか？」

　「地理学の本は、全ての本の中で一番重要な本じゃ」地理学者は言った。「古くなるということがない。山が動いたりするのは非常にまれじゃからな。海が乾くのも非常にまれじゃ。地理学者は絶対に変わらないもののことしか書かないのじゃよ」

　「でも休火山が目を覚ますこともありますよ」小さな王子さまは言った。「『はかない』ってどうことですか？」

　「火山が休んでいようが活動していようが、地理学者には関係ない。我々にとって大事なのは山なのじゃ。山は不変じゃ」

　「でも、『はかない』って何ですか？」小さな王子さまはせがんだ。一度たずね始めた質問は、絶対にやめないのだ。

　「『長続きしないもの』のことじゃ」

—¿Mi flor no va a durar?

—Así es.

"Mi flor es efímera", se dijo el principito a sí mismo. "¡Ella solo tiene cuatro espinas para protegerse del mundo! Y la dejé completamente sola".

De pronto deseó no haberse ido. Pero intentó ser valiente:

—¿Qué planeta debería visitar? —le preguntó al geógrafo.

—El planeta Tierra —le contestó el geógrafo—. Es un planeta muy prestigioso.

Y el principito partió, pensando en su flor.

 # Capítulo XVI

Y, así, el séptimo planeta que visitó el principito fue la Tierra.

¡El planeta Tierra es un planeta bastante interesante! Hay ciento once reyes, siete mil geógrafos, novecientos mil hombres de negocios, siete millones y medio de borrachos, trescientos once millones de gente vanidosa. En total, hay alrededor de dos mil millones de adultos.

■valiente 勇敢な　■prestigioso 名声のある

「ぼくの花は長続きしないの？」

「そのとおり」

「ぼくの花は、はかないのか」小さな王子さまは心の中で思った。「ぼくの花は世界中の危険から自分を守るのに、4つのトゲしか持っていないんだ！それなのにぼくは、花をひとりぼっちにした」

突然、小さな王子さまは星を出なければよかったと後悔した。でも勇気をふるい起こした。

「どの惑星を訪ねたらいいですか？」小さな王子さまは地理学者にたずねた。

「地球じゃ」地理学者は答えた。「見事な惑星だということになっておる」

小さな王子さまは出発した。花のことを思いながら。

第 16 章

そんなわけで、小さな王子さまが訪ねた7つ目の惑星は地球だった。

地球はなかなか面白いところだった！ 王さまが111人、地理学者が7000人、実業家が90万人、のんべえが750万人、うぬぼれ屋が3億1100万人いたのだ。ぜんたいで、おとなが20億人くらいいた。

Para daros una idea del tamaño de la Tierra, os diré que, antes de la invención de la electricidad, había cerca de cuatrocientos sesenta y dos mil quinientos once faroleros.

Vistos desde muy arriba en el cielo, proporcionaban una imagen bellísima de la Tierra. Estos faroleros trabajaban juntos como bailarines en un gran escenario. Para comenzar, los faroleros en Nueva Zelandia y Australia encendían sus faroles antes de irse a dormir. A continuación, los faroleros de China y Siberia encendían sus faroles. Luego, los faroleros de Rusia y la India. Después los de África y Europa. Luego los de América del Sur y, finalmente, los de América del Norte. Y estos faroleros nunca encendían sus faroles en el orden equivocado. Su danza era perfecta. Era algo hermoso de ver.

Los únicos faroleros con trabajos sencillos eran los faroleros del Polo Norte y del Polo Sur: solo trabajaban dos veces al año.

■tamaño 大きさ、寸法　■invención 発明　■electricidad 電気　■arriba 上の
■proporcionaban>proporcionar もたらす、引き起こす　■bellísima : bello（美しい）の最
上級女性形　■bailarines>bailarín 踊り手　■escenario 舞台　■equivocado 間違った
■sencillo(s) 簡単な

　地球の大きさをわかってもらうために、電気が発明される前には、46万
2511人の点灯夫がいたということをお話ししておこう。

　空のかなたから眺めると、その灯りのおかげで、地球は美しい絵のようだ
った。点灯夫たちは、大舞台の踊り子たちのように連携して働いた。まず、
ニュージーランドとオーストラリアの点灯夫が寝る前に街灯を灯す。次は中
国とシベリア、それからロシアとインドの点灯夫。その後アフリカとヨーロ
ッパ、南アメリカと続いて、最後に北アメリカの番だ。点灯夫が順番を間違
えて火を灯すことは決してない。彼らの踊りは完ぺきで、見ていてとても美
しいものだった。

　一番楽な仕事をしているのは、北極と南極の点灯夫だ。年に2回しか働か
ない。

覚えておきたいスペイン語表現

> ¡Tengo mucho que hacer! (p.100, 下から9行目)
> しなけりゃならないことが一杯あるんだ！

【解説】tener Ⓐ（名詞）que Ⓑ（不定詞）で「ⒷすべきⒶがある」という意味になり、さまざまなシーンで使える非常に便利な表現です。ポイントはqueの直後に来る動詞は原形（不定詞）であり、活用させないことです。これはtener que + 不定詞（…しなければならない）と同じですね。

【例文】
① No tengo tiempo que perder. (p.102, 3行目)
　　無駄にする時間はないんだ。

② No tengo nada que perder.
　　失うものは何もない。

> Los adultos son realmente muy inusuales. (p.106, 下から2行目)
> 大人は本当にとても変わっているんだな。

【解説】王子さまはいくつもの惑星を旅しながらさまざまなおとなに出会い、いつも「おとなは変わっている」という印象を抱いています。「変わっている」という意味を表す形容詞は、inusual（普通と異なる）のほかに、extraño（奇妙な）、raro（珍しい）、peculiar（独特な）、anormal（異常な）、extraordinario（並外れた）など、数多くありますが、どれも異質であることを強調し、不寛容に聞こえる場合もありますので、多様性を認めていることを伝えるには、especial（特別な）やúnico（唯一の）などの前向きな表現を利用するとよいでしょう。

【例文】
① Está vestida de forma inusual.
　　彼女は変わった格好をしている。

② Es muy inusual que una montaña cambie de sitio. (p.120, 下から10-9行目)
　　山が動いたりするのは非常にまれじゃからな。

> ¡Por fin, este es un trabajo verdadero! (p.116, 5-6行目)
> これこそ、本物の仕事だ！

【解説】verdaderoには「（うそや偽物ではない）真実の」という意味のほか、「（見せかけでなく実質を備えてた）真の」という意味があります。さまざまな職業に就く人たちを目の当たりにした王子さまは、惑星のことを熟知する地理学者こそがverdadero（本物）の仕事だと思いましたが、すぐに、地理学者が自らは机を離れずに探検家が見てきたことを研究するだけであることがわかり、がっかりしてしまいます。Por finは「ついに」、「ようやく」、「やっと」という表現で、文脈によりポジティブにもネガティブにも捉えることができます。

【例文】

① El hombre verdadero no ejerce violencia.
本物の男は暴力を振るわない。

② ¡Por fin, he encontrado a mi príncipe azul!
ついに白馬の王子さまに出会ったわ！

③ ¡Por fin, se va!
あいつ、やっと去ったよ！

Porque las flores son efímeras. (p.120, 12行目)
花ははかないからじゃ。

【解説】efímeroは、日本語の「はかない」と同じように、とても美しい単語です。王子さまが繰り返し¿Qué significa 'efímera'?（「はかない」って何ですか？）と尋ねると、地理学者はようやくSignifica 'algo que no va a durar'.（「長続きしないもの」のことじゃ）と答えます。これはefímeroの意味を簡潔に示していますが、efímeroはさらに、長続きしないからこその切なさや重要性といったニュアンスを含んでいます。王子さまは、キツネとのやりとりやたくさんのバラとの出会いの中で、その意味を理解してきます。命あるものはすべてはかないものです。永遠に続くものではないことを思い出すことで、また、大切に扱い、やさしく接することができるかもしれません。

【例文】

① El amor efímero es hermoso.
はかない恋は美しい。

② Así es como terminó su vida efímera.
こうして彼の短い人生は幕を閉じた。

『星の王子さま』スペイン語訳とトバ語訳

　1943年に英語とフランス語で出版された『星の王子さま』のスペイン語版が
出版されるのは、それから8年後の1951年9月20日のことです。アルゼンチン
人作家のBonifacio del Carrilによって翻訳されたものでした。その後、1956
年にメキシコで、"El pequeño príncipe"という題名で発表されます。スペイ
ンで初めて出版されたのは1965年。その2年後の1967年に同じ翻訳者によ
り再び出版されました。1968年にはキューバとコロンビアで、その後、チリ
（1981年）、ペルー（1985年）、ベネズエラ（1986年）、ウルグアイ（1990年）
と南米の各国で出版されました。

　『星の王子さま』が翻訳された言語のひとつにトバ語があります。トバとは、
アルゼンチン北部に居住する先住民族で、トバ語は彼らの言語です。トバ語に
翻訳された本は聖書と『星の王子さま』だけだというのですから、いかに『星の
王子さま』が世界で読まれているかがわかりますね。

Parte 5

---✳---

Capítulo 17-20

Capítulo XVII

Cuando quiero ser ocurrente o ingenioso, a veces digo una pequeña mentira. No he sido completamente honesto al escribir sobre los faroleros. Corro el riesgo de confundir a la gente que no conoce bien nuestro planeta. De hecho, las personas ocupan muy poco espacio en la Tierra. Si los dos mil millones de personas que viven aquí se pararan juntas en un solo lugar, cabrían con facilidad en un área de veinte kilómetros de largo por veinte de ancho. Toda la gente de la Tierra podría caber junta en una pequeña isla del océano Pacífico.

Por supuesto que los adultos no creen esto. A ellos les gusta pensar que ocupan mucho espacio. Ellos creen que son grandes e importantes, como los baobabs. Pero no vamos a perder nuestro tiempo preocupándonos por ellos. No hay razón. Vosotros me creéis.

Una vez que llegó a la Tierra, el principito estaba muy sorprendido de estar solo. No vio a nadie. Tenía miedo de haber llegado al planeta equivocado. Luego vio algo dorado que se movía en la arena.

—¡Buenas noches! —dijo el principito.

—¡Buenas noches! —dijo la serpiente.

■ocurrente ユーモアにあふれた　■ingenioso 機知に富んだ　■honesto 正直な　■riesgo 危険　■de hecho 実際　■ocupan>ocupar 占める　■espacio 空間　■se pararan>pararse 立ち止まる、立つ　■juntas>junto 近くに　■cabrían>caber 容量がある、入る

第 17 章

　ぼくは面白おかしくしたいと思うと、つい、ちいさなウソをついてしまう
ことがある。点灯夫の話をしていたときも、本当のことだけを話したわけで
はない。そのため、ぼくたちの惑星のことをよく知らない人たちを混乱させ
てしまう危険性がある。実際、人が地球の上で占める面積はごくわずかだ。
もし地上に住む20億人が全員、一つの場所にかたまって立ったら、縦に20
マイル、横に20キロのスペースに余裕で入ってしまうだろう。地球に住む
人全員が、太平洋の小島一つに楽に収まってしまうのだ。

　もちろん、おとなはこの話を信じようとしない。たくさんの場所を占領し
ていると思いたいのだ。自分たちが、バオバブのように大きくて重要だと思
っているのだ。でも彼らに気をつかって時間を無駄にするのはやめよう。そ
うする理由がないのだ。みんなはぼくの言うことを信じてくれるのだから。
　小さな王子さまは地球に着いたとき、ひとりぼっちだったのでとてもびっ
くりした。人っ子ひとり、見かけないのだ。来る惑星を間違えたのではない
かと心配になった。ちょうどその時、砂の中で金色のものが動くのが見えた。
　「こんばんは」小さな王子さまは言った。
　「こんばんは」ヘビが答えた。

■con facilidad たやすく　■área 範囲、面積　■ancho 幅　■equivocado 間違った
■arena 砂　■serpiente ヘビ

—¿Cuál es este planeta? —preguntó el principito.

—Estás en la Tierra, en África —dijo la serpiente.

—¡Oh! ¿Entonces en la Tierra no vive nadie?

—Esto es el desierto. Nadie vive en el desierto. La Tierra es muy grande —respondió la serpiente.

El principito se sentó en una piedra. Miró hacia el cielo:

—Yo me pregunto si las estrellas brillan para que todos puedan encontrar la suya algún día —dijo—. Mira mi planeta. Está justo encima de nosotros… Pero, ¡qué lejos está!

—Es muy hermoso —dijo la serpiente—. ¿Entonces por qué has venido aquí?

—Tenía problemas con una flor —dijo el principito.

—Ah —dijo la serpiente.

Ninguno de los dos dijo nada.

—¿Dónde está toda la gente? —preguntó finalmente el principito—. Estoy solo en el desierto…

—También se está solo entre la gente —dijo la serpiente.

El principito miró a la serpiente por un largo rato.

—Eres un animal de aspecto extraño —le dijo a la serpiente—. Eres larga y delgada como un dedo…

■justo ちょうど ■rato しばらくの間、ひととき ■aspecto 外観、見た目 ■dedo 指

「この惑星はどういうところ？」小さな王子さまがたずねた。

「地球の、アフリカにいるんだよ」ヘビが言った。

「えっ。じゃあ地球にはだれも住んでないの？」

「ここは砂漠なんだ。砂漠にはだれも住まないのさ。地球はとても大きいからな」ヘビが答えた。

小さな王子さまは石に腰を下ろした。空を見上げて、

「星は、だれもがいつか自分の星を見つけられるように、光ってるのかなあ？」と言った。「ぼくの星を見て。ちょうど、ぼくらの真上だ……。でも何て遠いんだろう！」

「きれいだな」ヘビは言った。「なんでまた、ここに来たんだい？」

「花とうまくいかなくなっちゃったんだ」小さな王子さまは言った。

「ああ」ヘビが言った。

どちらもそれ以上、何も言わなかった。

「人はどこにいるの？」しばらくして小さな王子さまがたずねた。「砂漠にいると寂しいよ……」

「人の中にいても寂しいさ」ヘビは言った。

小さな王子さまは、ヘビを長い間見つめた。

「きみは変わった格好の生き物だなあ」小さな王子さまはヘビに言った。「指みたいに長くて細い……」

—Pero soy más poderosa que el dedo de un rey —dijo la serpiente.
El principito sonrió:

—¿Cómo puedes ser poderosa? … Ni siquiera tienes pies… no puedes moverte con facilidad.

—Puedo llevarte muy, muy lejos —dijo la serpiente y se enroscó alrededor del tobillo del principito como un brazalete dorado—. A quien toco, le hago volver a la tierra de donde vino. Pero tú eres puro. Vienes de una estrella…

El principito no dijo nada.

—Siento pena por ti. Eres tan débil y estás solo en la Tierra. Si algún día echas de menos a tu planeta, tal vez pueda ayudarte. Puedo…

—¡Oh! Comprendo —dijo el principito—. Pero ¿por qué siempre hablas en forma de adivinanzas?

—Yo resuelvo todas las adivinanzas —dijo la serpiente. Y ambos se callaron.

■poderosa>poderoso 強力な　■se enroscó>enroscarse とぐろ状に巻く　■tobillo 足首
■brazalete ブレスレット　■adivinanza(s) 謎、クイズ

「だがおれは王さまの指よりもずっと力があるんだぜ」ヘビが言った。

小さな王子さまは微笑んだ。

「どうやってそんな力が持てるの……、足さえないじゃないか……動くのだって大変だろう」

「きみをうんと遠くへ連れて行くことができるぜ」ヘビはそう言って、金色のブレスレットのように、小さな王子さまの足首に巻きついた。「おれは、触れるものはだれでも、もとの土へと送り返すのさ」ヘビは言った。「だがあんたは純粋だ。星から来たんだ……」

小さな王子さまは何も言わなかった。

「あんたが可哀想だ。この地球で、こんなに弱くて、ひとりぼっちで。いつか自分の惑星が恋しくて仕方なくなったら、助けてやれるかもしれないぜ。おれにはできるんだ……」

「そうか！ わかったよ」小さな王子さまは言った。「でもきみはどうして謎めいたことばかり言うの？」

「おれはすべての謎を解くのさ」そうして二人とも、黙りこんだ。

Capítulo XVIII

El principito atravesó el desierto. No encontró a nadie, excepto a una flor. Apenas era una flor, solo tenía tres pétalos…

—Hola —dijo el principito.

—Hola —dijo la flor.

—¿Has visto a alguien? —preguntó el principito.

La flor había visto pasar a unos viajeros una vez.

—¿Personas? He visto algunas, creo, unas seis o siete. Les vi hace años. Pero no sé dónde están. El viento les lleva por aquí y por allá. No tienen raíces. Eso debe ser muy difícil.

—Adiós —dijo el principito.

—Adiós —dijo la flor.

第18章

　小さな王子さまは、砂漠を横切った。一本の花以外、だれにも会わなかった。それも、花びらが3枚しかない、もうしわけ程度の花だった。

　「こんにちは」小さな王子さまは言った。

　「こんにちは」花が言った。

　「人を見たかい？」小さな王子さまがたずねた。

　花は、一度、旅人たちが通り過ぎるのを見かけたことがあった。

　「人？　何人か見かけたわ。確か6人か7人だった。何年も前よ。でも今どこにいるのかは知らないわ。旅人たちは風に吹かれて、あっちへ行ったり、こっちへ行ったりするのよ。彼らには根がないからなの。それって、大変に違いないわね」

　「さようなら」小さな王子さまは言った。

　「さようなら」花も言った。

■atravesó>atravesar 横切る　■raíces>raíz 根

Capítulo XIX

El principito escaló hasta una montaña alta. Las únicas montañas que había conocido eran sus tres volcanes, que le llegaban a la rodilla. Había utilizado el volcán inactivo como silla.

"Desde una montaña tan alta debería poder ver todo el planeta y toda la gente…", se dijo a sí mismo. Pero todo lo que pudo ver fueron rocas y otras montañas.

—Hola —gritó.

—Hola… hola… hola… —respondió el eco.

—¿Quién eres? —preguntó el principito.

—¿Quién eres?… ¿Quién eres?… ¿Quién eres? —respondió el eco.

■escaló>escalar 登る ■rodilla(s) 膝 ■eco 山びこ、こだま

第 19 章

　小さな王子さまは高い山に登った。今まで知っていた山は、王子さまの星にある三つの火山だけで、膝までの高さしかなかった。休火山を椅子代わりに使ったものだった。

　「こんな高い山からなら、地球全体と、住んでいる人みんなが見えるに違いない」小さな王子さまはつぶやいた。でも見えたのは、いくつもの岩とほかの山々だけだった。

　「こんにちは」呼んでみた。

　「こんにちは……こんにちは……こんにちは……」山びこが答えた。

　「きみはだれだい？」小さな王子さまがたずねた。

　「きみはだれだい……きみはだれだい……きみはだれだい……」山びこが答える。

—Sed mis amigos. Estoy solo —dijo él.

—Estoy solo... estoy solo... estoy solo... —respondió el eco.

"¡Qué planeta más raro!", pensó el principito. "Es seco y lleno de montañas. Y la gente aquí no es muy interesante. Repite cualquier cosa que dices. En casa, tenía una flor: ella siempre era la primera en hablarme..."

 # Capítulo XX

Después de un largo tiempo, el principito encontró un camino. Y los caminos llevan al mundo de la gente.

—Hola —dijo el principito. Estaba en un jardín de rosas.

—Hola —dijeron las rosas.

「友達になってよ。ぼくはひとりぼっちなんだ」小さな王子さまが言った。

「ひとりぼっちなんだ……ひとりぼっちなんだ……ひとりぼっちなんだ……」山びこが答えた。

「何てへんてこな惑星なんだ」小さな王子さまは思った。「乾いていて、山ばっかりだ。それにここの人たちはあまり面白くないな。こちらの言ったことを何でも繰り返すんだもの。ぼくのところには花がいた。いつも先に話しかけてくれる花が……」

第20章

長いことしてから、小さな王子さまは一本の道を見つけた。道というものは、すべての人たちのところにつながっている。

「こんにちは」小さな王子さまは言った。バラ園に来ていたのだ。

「こんにちは」バラの花たちも言った。

El principito las miró. Eran como su flor.

—¿Vosotras quiénes sois? —exigió él, sintiéndose escandalizado.

—Somos rosas —dijeron las rosas.

—Oh! —dijo el principito.

Y se sintió muy triste. Su flor le había dicho que era única, la única en el universo. ¡Y aquí había cinco mil flores que se parecían a ella, en un solo jardín!

"Si mi flor viera esto, se sentiría muy infeliz", se dijo a sí mismo. "Tosería y simularía morir para escapar de las burlas. Y yo tendría que simular creerle. De otra forma, es posible que realmente se dejara morir…"

Luego se dijo a sí mismo: "Yo pensé que era rico. Pensé que tenía una flor especial, pero en realidad ella es una rosa común. Con respecto a mis tres volcanes, son muy pequeños y uno de ellos está inactivo. No soy tan príncipe como yo creía…"

Y lloró y lloró.

■exigió（答えを）求める、要求する　■escandalizado>escandalizar ショックを与える
■universo 宇宙　■infeliz 不幸な　■simularía>simular ～のふりをする　■escapar de
～を逃れる　■burla(s) あざけり　■común ありふれた

　小さな王子さまは、じっと見つめた。自分の花とそっくりだ。

「きみたち、だれ？」ショックを受けて、小さな王子さまは聞いた。

「私たち、バラよ」とバラたちは言った。

「ええっ！」小さな王子さまは言った。

　悲しみで胸をしめつけられた。王子さまの花は、自分はかけがえのない、世界で一つしかない花だと言っていた。それがここでは、似たような花がたった一つの庭に5000本も咲いているのだ！

「ぼくの花がこれを見たら、とても機嫌をわるくするだろうな」小さな王子さまは心の中で思った。「笑われないように咳をして、死にかけているふりをするだろうな。そしてぼくは、花を信じているふりをしなければ。さもないと、本当に死んでしまいかねないからね……」

　それから独り言を言った。「ぼくは恵まれてると思ってた。特別な花を持ってると思ってたけど、実際にはありきたりのバラでしかなかったんだ。三つの火山だって、とても小さくて、一つは眠ってる。これじゃあ、王子さまなんかじゃないよ……」

　そして泣いて、泣いて、泣きとおした。

覚えておきたいスペイン語表現

> Cuando quiero ser ocurrente o ingenioso, a veces digo una pequeña mentira. （p.130, 1–2行目）
> ぼくは面白おかしくしたいと思うと、つい、ちいさなウソをついてしまうことがある。

【解説】「面白い」という意味の形容詞は、graciosoやchistosoなどがよく使われますが、「(機知に富んで)面白い」という意味ではocurrenteとingeniosoが使われます。「うそをつく」はdecir una mentiraのほかに、mentirと動詞一つでも言えます。うそをつこうと思っていなくても、その場を盛り上げるために、つい話を大きくしてしまうことってありますよね。

【例文】
① Puedo ser ocurrente pero no gracioso.
ウィットに富んでも面白くはなれないよ。

② Una vez dices una mentira, tienes que mentir más para ocultar la mentira.
一度うそをつくと、そのうそを隠すためにさらにうそをつかなくなってしまうんだよ。

> No tienen raíces. （p.136, 下から3行目）
> 彼らには根がないからなの。

【解説】raízには「(植物の)根」のほかに、「(比喩的な)根」、「根源」、「原因」などの意味もあります。王子さまが横切る砂漠には、根を張って定住する人は誰ひとりいません。ひとりぼっちになったとき、いつも先に話しかけてくれる花の温かさを思い出したのです。

【例文】
① El imperio de la ley tiene raíces profundas en España.
スペインでは法の支配が深く根付いている。

② El flamenco es un baile de raíces de los artes gitanos.
フラメンコはジプシー芸術を起源とする踊りである。

③ La raíz del mal residen en la ignorancia del hombre.
悪の根源は、人間の無知にある。

> Yo pensé que era rico. (p.142, 下から5行目)
> ぼくは恵まれてると思ってた。

【解説】ricoには「お金持ち」や「おいしい」という意味のほか、「（環境などに）恵まれた」、「（栄養などが）豊富な」、「愛くるしい」など、さまざまな意味があり、文脈や前後のつながりからどの意味で使われているか判断する必要があります。王子さまは、la única (flor) en el universo（世界にひとつしかない花）と思っていた自分の花が、una rosa común（ありきたりのバラ）だとわかり、ショックを受けます。

【例文】

①　Colombia es un país con rica naturaleza.
コロンビアは豊かな自然に恵まれた国である。

②　Japón cuenta con una rica experiencia en la prevención de terremotos.
日本は、地震対策の豊富な経験がある。

③　Tienen una niña muy rica.
とても愛くるしいお嬢さんですね。

スペイン内戦を取材

　原作者のサン=テグジュペリは、フランス軍予備少尉、タイル製造会社事務員、トラック販売員、そして郵便飛行のパイロットと、多様な職業を経験しましたが、同時に、若い時から寸劇の脚本を書いたり、20代で文学小説を発表したりと、作家としても活動していました。さらに30代では、いくつかの雑誌社の特派記者としてさまざまな国を取材するなど、ジャーナリストとしても活躍しました。その取材先の一つがスペインでした。

　当時のスペインは、人民戦線政府とフランコ将軍率いる反乱軍による内戦状態にありましたが、ドイツ、イギリスがフランコ軍を、ソ連や国際義勇軍が政府軍を支援し、実態としては国際的な紛争の様相を見せていました。米国人作家ヘミングウェイが義勇軍に参加し、その体験がその後の彼の作品の題材となったことは有名ですが、サン=テグジュペリも1936年と1937年に2回、スペイン内戦を取材しており、2016年には、スペイン中部トレドの小さな村で、1937年4月16日付けで申請されたスペイン内戦の取材許可証が見つかっています。スペイン内戦の取材の経験が、1939年に出版された『人間の大地』や未完の作品『城砦』をはじめとするのちの作品の執筆に影響を与えたとも言われています。

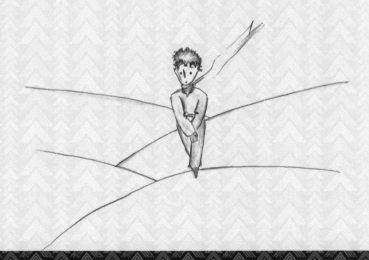

Parte 6

Capítulo 21-24

Capítulo XXI

Fue entonces cuando apareció el zorro.

—Hola —dijo el zorro.

—Hola —respondió el principito. A pesar de que se volvió, no vio a nadie.

—Estoy aquí —dijo una voz bajo el manzano.

—¿Quién eres? —dijo el principito—. Eres muy hermoso.

—Soy un zorro —dijo el zorro.

—Ven a jugar conmigo —dijo el principito—. Estoy muy triste.

—No puedo jugar contigo —respondió el zorro—. No estoy domesticado.

—¡Oh, discúlpame! —dijo el principito. Después de pensarlo un poco, añadió: —¿Qué significa 'domesticado'?

■zorro キツネ　■manzano リンゴの木　■domesticado>domesticar 飼い慣らす
■añadió>añadir 付け加える

第21章

ちょうどその時、キツネが現れた。

「こんにちは」キツネは言った。

「こんにちは」小さな王子さまは答えた。振り向いたのだが、だれも目に入らなかった。

「ここだよ」りんごの木の下から声がした。

「きみはだれだい？」小さな王子さまは言った。「きれいだね、きみ」

「ぼくはキツネだよ」キツネは言った。

「おいで。ぼくと遊ぼう」小さな王子さまは言った。「ぼく、とても悲しいんだ」

「きみとは遊べないよ」キツネは答えた。「なついてないから」

「ああ！ ごめんね」小さな王子さまは言った。少し考えてから、付け足した。「『なつく』って、どういうこと？」

—Tú no eres de aquí —dijo el zorro—. ¿Qué haces aquí?

—Estoy buscando gente —dijo el principito—. ¿Qué significa 'domesticado'?

—La gente tiene armas y va de caza —dijo el zorro—. ¡Es muy molesto! También cría gallinas. Es todo lo que hace. ¿Tú estás buscando gallinas?

—No —dijo el principito—. Estoy buscando amigos. ¿Qué significa 'domesticado'?

—Significa algo que mucha gente ha olvidado —dijo el zorro—. 'Domesticar' significa 'crear lazos o formar un vínculo'. Ahora mismo, para mí, tu eres un niño pequeño como miles de otros niños pequeños. No te necesito. Y tú tampoco me necesitas a mí. Para ti, soy un zorro como miles de otros zorros. Pero si me domesticas, entonces nos necesitaremos el uno al otro. Para mí, serás único, irreemplazable. Serás diferente a todo el resto del mundo. Y yo seré único para ti…

—Creo que estoy comenzando a entender —dijo el principito—. Había una vez una flor… creo que ella me domesticó…

—Es posible —dijo el zorro—. En la Tierra son posibles muchas cosas.

—¡Oh, esto no sucedió en la Tierra! —dijo el principito.

El zorro lo miró con interés:

—¿Sucedió en otro planeta?

■arma(s) 武器 ■caza 猟 ■molesto 迷惑な ■gallina(s) ニワトリ ■lazo(s) つながり、きずな ■vínculo きずな、交流 ■irreemplazable かけがえのない

「きみ、ここの人じゃないんだね」キツネは言った。「ここで何してるの？」

「人間たちを探しているんだよ」小さな王子さまは言った。「『なつく』って、どういうこと？」

「人間は銃を持ってる。狩りをするんだ」キツネは言った。「まったく迷惑だよ。それからニワトリも育てるんだ。人間がするのはそれだけさ。きみ、ニワトリを探してるのかい？」

「ううん」小さな王子さまは言った。「ぼくは友達を探してるんだ。『なつく』ってなんのこと？」

「あまりにも忘れられてしまったことさ」キツネは言った。「『なつく』って、『つながりやきずなをつくる』ことだよ。今、きみはぼくにとって他の何千もの子と同じ、ただの男の子でしかない。ぼくはきみを必要としないし、きみもぼくを必要としない。きみにとってぼくは他の何千というキツネと同じ、代わり映えしないただのキツネだ。でもきみにぼくがなついたら、ぼくたちはお互いが必要になるんだ。ぼくにとってきみはかけがえのない、たったひとりの存在になる。きみは世界中の他のだれとも違う存在になる。そしてぼくはきみにとってかけがえのないものになるんだ……」

「ぼく、わかりかけてきたような気がするよ」小さな王子さまは言った。「昔、花がいて……その花がぼくをとりこにしたと思ったんだ……」

「ありうることだな」キツネは言った。「地球ではいろんなことが可能なんだ」

「ああ！ 地球で起きたんじゃないよ」小さな王子さまは言った。キツネは面白そうに王子さまをながめた。

「違う惑星で起きたのかい？」

—Sí.

—¿Hay cazadores en ese planeta?

—No.

—¡Qué interesante! ¿Hay gallinas?

—No.

—Nada es perfecto —suspiró el zorro.

Comenzó a hablar nuevamente:

—Mi vida es siempre la misma. Yo cazo gallinas y la gente me caza a mí. Todas las gallinas se ven iguales y toda la gente se ve igual. Por lo tanto, me aburro bastante. Pero si me domesticas, entonces mi vida estará llena de sol. Cuando escuche los pasos de otras personas, correré y me esconderé. Pero tus pasos sonarán distintos. Al escucharlos, tus pasos sonarán como música para mí. Me acercaré y te saludaré. ¡Y mira! ¿Ves aquel campo de trigo por allí? El trigo no es importante para mí porque no como pan. El trigo no me hace pensar en nada. ¡Y eso es lamentable! Pero tú tienes cabellos dorados. ¡Será tan maravilloso cuando me hayas domesticado! El trigo dorado me hará pensar en ti. Y me encantará escuchar el sonido del viento en el trigo…

Luego el zorro se quedó en silencio. Miró al principito por un rato largo. Finalmente dijo:

—Por favor, ¡domestícame!

—Me gustaría mucho eso —respondió el principito—. Pero no tengo mucho tiempo. Tengo que hacer amigos y aprender muchas cosas.

■cazador(es) 猟師　■me esconderé>esconderse 隠れる　■sonarán>sonar 聞こえる
■distinto(s) 異なった、別の　■me acercaré>acercarse 近づく　■trigo 麦

「そうだよ」

「その惑星には猟師がいるかい？」

「いいや」

「面白いなあ！　ニワトリはいるかい？」

「いいや」

「完ぺきなものはないんだな」キツ
ネはため息をついた。

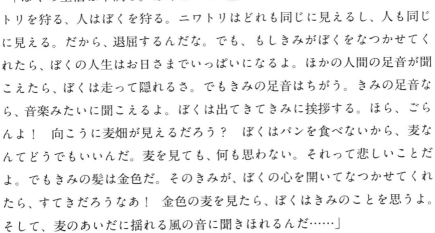

　キツネはまた話し始めた。

「ぼくの生活は単調さ。ぼくはニワ
トリを狩る、人はぼくを狩る。ニワトリはどれも同じに見えるし、人も同じ
に見える。だから、退屈するんだな。でも、もしきみがぼくをなつかせてく
れたら、ぼくの人生はお日さまでいっぱいになるよ。ほかの人間の足音が聞
こえたら、ぼくは走って隠れるさ。でもきみの足音はちがう。きみの足音な
ら、音楽みたいに聞こえるよ。ぼくは出てきてきみに挨拶する。ほら、ごら
んよ！　向こうに麦畑が見えるだろう？　ぼくはパンを食べないから、麦な
んてどうでもいいんだ。麦を見ても、何も思わない。それって悲しいことだ
よ。でもきみの髪は金色だ。そのきみが、ぼくの心を開いてなつかせてくれ
たら、すてきだろうなあ！　金色の麦を見たら、ぼくはきみのことを思うよ。
そして、麦のあいだに揺れる風の音に聞きほれるんだ……」

　キツネはふと黙ると、長いこと小さな王子さまを見つめた。ついにキツネ
は言った。

「頼むよ……ぼくをなつかせて！」

「ぼくもとってもそうしたいよ」小さな王子さまは答えた。「だけど、時間
がないんだ。友達をつくらなきゃいけないし、知らなきゃいけないこともた
くさんある」

—Solo conocemos realmente las cosas que hemos domesticado —dijo el zorro—. Hoy en día la gente está demasiado ocupada para conocer cualquier cosa. Van a las tiendas a comprar cosas que ya están hechas. Pero debido a que no hay tiendas para comprar amigos, la gente ya no tiene amigos. Si quieres un amigo, ¡domestícame!

—¿Qué debo hacer? —preguntó el principito.

—Debes ser muy paciente —le dijo el zorro—. Primero, debes sentarte en la hierba, más bien lejos de mí. Yo te miraré atentamente. Tú no dirás una palabra. Todos los malentendidos se deben a las conversaciones. Pero cada día podrás sentarte un poco más cerca de mi...

El principito regresó al día siguiente.

—Sería mejor que regresaras cada día a la misma hora —dijo el zorro—. Si siempre vienes a las cuatro de la tarde, comenzaré a sentirme feliz alrededor de las tres. Cuanto más cerca esté de las cuatro, más feliz me sentiré. ¡A las cuatro estaré muy emocionado! ¡Sabré qué es la felicidad! Pero si vienes a una hora distinta cada día, no sabría cuando comenzar a prepararme para estar feliz... Debemos tener un ritual.

—¿Qué es un ritual? —preguntó el principito.

—Eso es también algo que mucha gente ha olvidado —dijo el zorro—. Un ritual es lo que hace que un día sea distinto a otro o una hora distinta a otras horas. Por ejemplo, mis cazadores tienen un ritual. Cada jueves, van a bailar con las muchachas del pueblo.

★
■paciente 辛抱強い ■hierba 草 ■malentendido(s) 誤解 ■emocionado わくわくする ■felicidad 幸せ ■ritual 儀式、ならわし

「ぼくたちは、なつかせたもの、きずなを結んだものしか、本当に知ることはできないんだよ」キツネは言った。「人間たちは時間がなくなりすぎて、本当のことを何も知ることができないでいる。店に行って、できあがったものを買う。でも友達を買える店はないから、もう友達もいないんだ。友達がほしいなら、ぼくの心を開かせておくれ！」

「どうすればいいの？」小さな王子さまはたずねた。

「うんと辛抱強くあることだな」キツネは言った。「まず、ぼくからかなり離れて草の中にすわるんだよ。ぼくはきみを注意深く観察する。きみは一言も言わない。誤解っていうものはぜんぶ、話すことで起こるんだからね。でもきみは毎日、少しずつぼくの近くにすわれるようになる……」

翌日、小さな王子さまは戻ってきた。

「毎日、同じ時間に戻ってきたほうがいいね」キツネが言った。「きみがいつも昼の４時に来たら、ぼくは３時ごろから嬉しくなるよ。４時に近づけば近づくほど、嬉しくなるんだ。４時になったら、ぼくはもう有頂天になってるだろう。幸せとはどんなものかを知るんだ！　でもきみが毎日違う時間に来たら、嬉しくなる準備をいつ始めていいのかわからないよ……。ならわしがいるんだ」

「ならわしってなんだい？」小さな王子さまがたずねた。

「これも、あまりにもたくさんの人が忘れてることさ」キツネは言った。「ならわしっていうのは、一日がほかの日と、一時間がほかの時間と違うようにすることさ。たとえば、ぼくを狩る猟師たちにもならわしがある。毎週木曜日には村の娘たちと踊りに行くんだ。だから、木曜日は毎週、天国さ！

¡Es por eso que cada jueves es un día maravilloso! Puedo ir a pasear por todos lados. Si los cazadores bailaran todo el tiempo, entonces cada día se asemejaría a los otros y yo nunca tendría vacaciones.

Y así el principito domesticó al zorro. Cuando finalmente llegó el momento de que el principito se fuera, el zorro dijo:

—¡Oh! Voy a llorar…

—Eso es obra tuya —respondió el principito—. Yo no quería lastimarte. Pero me pediste que te domesticara…

—Por supuesto —dijo el zorro.

—¡Pero llorarás!

—Por supuesto.

—Entonces ¿qué obtienes de todo esto? ¿Por qué has hecho esto? ¿Cuál es tu motivo? —preguntó el principito.

—Mi motivo se encuentra en el color dorado del trigo —respondió el zorro.

Luego añadió:

—Regresa a ver las rosas. Verás que la tuya es única. Luego regresa aquí y dime adiós, y yo te diré un secreto. Será mi regalo para ti.

■se asemejaría>asemejarse 似る　■obra 仕事、成果　■obtienes>obtener 手に入れる
■motivo 動機　■secreto 秘密

ぼくはどこでも散歩できる。でももし猟師たちがいつも踊ってたら、毎日は
他の日と同じで、ぼくは休日なんか取れなくなっちゃうよ」

　こうして、小さな王子さまはキツネをなつかせた。やがて王子さまの出発
するときが来て、キツネは言った。
　「ああ！　ぼくは泣くよ……」
　「きみのせいなんだよ」小さな王子さまは答えた。「きみを傷つけたくなか
ったんだ。でもきみが、なつかせてって言ったから……」
　「もちろんさ」キツネは言った。
　「でも泣くんじゃないか！」
　「もちろん」
　「だったら、きみには何のいいことがあるんだい？　どうしてこんなことを
したの？　どんな理由で？」小さな王子さまはたずねた。
　「理由は、麦の金色にある」キツネは答えた。

　そして付けくわえた。
　「戻っていって、バラ園を見てき
たらいい。きみのバラがかけがえ
のないものだってわかるから。それ
からぼくにさよならを言いに来て。
そうしたらきみに秘密を教え
てあげよう。それがぼくか
らの贈り物だ」

El principito regresó y miró a las rosas.

—Vosotras no sois en absoluto como mi rosa. No sois como ella en nada —les dijo a las rosas—. Nadie os ha domesticado y vosotras nunca habéis domesticado a nadie. Mi zorro alguna vez fue como vosotras. Él era un zorro como miles de otros zorros. Pero yo lo convertí en mi amigo y ahora no hay nadie como él en todo el mundo.

Las rosas no estaban contentas.

—Vosotras sois hermosas, pero estáis vacías —les dijo el principito—. Nadie moriría por vosotras. Por supuesto, una persona común puede pensar que mi rosa se ve como vosotras. Pero yo sé que ella es más importante que vosotras porque ella es a quien yo cuidé. Porque ella es a quien yo puse debajo de un globo. Porque ella es a quien yo protegí del frío. Porque ella es por quien yo maté a las orugas (excepto dos o tres que se convertirán en mariposas). Porque ella es quien habló conmigo y quien estuvo en silencio conmigo. Porque ella es mi rosa.

Luego regresó al zorro.

—Adiós —dijo el principito.

—Adiós —dijo el zorro—. Este es mi secreto. Es muy simple: nosotros no vemos claramente, excepto cuando miramos con el corazón. Las cosas que son más importantes no pueden ser vistas con nuestros ojos.

—Las cosas que son más importantes no pueden ser vistas con nuestros ojos —repitió el principito. Quería asegurarse de que recordaría esto.

■contentas>contento 満足した　■vacías>vacío 空っぽの　■protegí>proteger 保護する　■maté>matar 殺す　■asegurarse de ～を確かめる、確認する

　小さな王子さまは戻っていって、バラ園のバラを見た。

　「きみたちは、ちっともぼくのバラに似てないね。くらべものにならないよ」王子さまはバラたちに言った。「だれも、きみたちをなつかせたことはなかったし、きみたちも、だれもなつかせたことがないんだ。ぼくのキツネは、昔はきみたちのようだった。ほかの何千のキツネと同じただのキツネだった。でもぼくがキツネを友達にしたから、今じゃ、世界中で彼みたいなキツネは他にいないんだ」

　バラたちは気をわるくした。

　「きみたちは美しいよ、でも空っぽだ」小さな王子さまはバラたちに言った。「だれもきみたちのためには死なないよ。もちろん普通の人には、ぼくのバラもきみたちと同じように見えるだろうね。でもぼくは、きみたちぜんぶよりも、ぼくのバラが大切だってわかってるよ。だって、ぼくが大切にしてきたのは、このバラなんだからね。ぼくがケースをかぶせ、寒さから守ってやり、毛虫を（蝶になるように残した2、3匹以外は）やっつけてあげたのは、このバラのためなんだ。ぼくとおしゃべりをして、ぼくと静かにいたのはこのバラなんだ。ぼくのバラだからだ」

　そして小さな王子さまはキツネのところに戻った。

　「さよなら」小さな王子さまは言った。

　「さよなら」キツネも言った。「ぼくの秘密を教えてあげるよ。とっても簡単なことなんだ。ぼくたちは、心の目で見ない限り、何もはっきりと見えないんだ。一番大切なものは、目に見えないんだよ」

　「一番大切なものは、目に見えない」小さな王子さまは繰り返した。どうしても憶えておきたかったのだ。

—Es el tiempo que has empleado en tu rosa lo que la ha hecho tan importante.

—Es el tiempo que empleé en mi rosa… —repitió el principito. Quería recordar esto.

—La gente ha olvidado esta verdad —dijo el zorro—. Pero tú no debes olvidarla. Eres responsable para siempre de lo que has domesticado. Tú eres responsable de tu rosa…

—Yo soy responsable de mi rosa… —repitió el principito. Quería recordarlo.

 # Capítulo XXII

—¡Buenos días! —dijo el principito.

—¡Buenos días! —dijo el guardavía.

—¿Qué estás haciendo aquí? —preguntó el principito.

—Hago circular a los viajeros. Hago circular a miles de viajeros al mismo tiempo —dijo el guardavía—. Hago circular los trenes en los que ellos viajan. Algunos trenes van hacia la derecha. Otros van hacia la izquierda.

Y entonces un tren intensamente iluminado se apresuró. Hizo un ruido como un trueno. Hizo temblar la caseta del guardavía.

■has empleado, empleé>emplear 費やす、用いる　■verdad 真実　■guardavía 保線夫、信号手　■circular 通行する、往来する　■viajero(s) 旅行者　■iluminado>iluminar 明るくする、照明で照らす　■trueno 雷　■temblar 震える　■caseta 小屋

「きみがバラのために費やした時間、それがバラをこんなに大切にしたんだ」

「ぼくがバラのために費やした時間……」小さな王子さまは繰り返した。これを憶えておきたかったからだ。

「人は、この真実を忘れてしまった」キツネは言った。「でもきみは忘れちゃいけない。きみは、なつかせたもの、心を開かせた相手には、永久に責任があるんだ。きみのバラに、責任がある……」

「ぼくはバラに責任がある……」小さな王子さまは繰り返した。憶えておきたかったから。

第２２章

「おはよう」小さな王子さまは言った。

「おはよう」列車の信号手は言った。

「ここで何をしてるの？」小さな王子さまはたずねた。

「旅行者をあちこちに移動させるのさ。一度に何千人も動かすんだよ」線路のポイントを切りかえる信号手は言った。「旅行者の乗った列車を動かすんだ。右へ行く列車もあるし、左へ行く列車もある」

その時、明かりを一杯つけた特急列車が走り去った。雷みたいな音をとどろかせながら、信号手の小屋を震わせていった。

—Esas personas están apuradas —dijo el principito—. ¿Qué están buscando?

—Ni siquiera el hombre que conduce el tren lo sabe —dijo el guardavía.

Luego se apresuró un segundo tren. Estaba viajando en la dirección inversa.

—¿Ya están regresando? —preguntó el principito.

—Esa no es la misma gente —dijo el guardavía—. Eso fue un cambio.

—¿Esa gente no estaba feliz donde estaba?

—La gente nunca está feliz en el sitio donde está —respondió el guardavía.

Un tercer tren se apresuró.

—¿Están tratando de alcanzar al primer grupo de viajeros? —preguntó el principito.

—No están tratando de hacer nada —dijo el guardavía —. Simplemente duermen en el tren o bostezan. Solo los niños aplastan sus caras contra las ventanas.

—Los niños son los únicos que saben que es lo que están buscando —dijo el principito—. Pasan tiempo cuidando de una muñeca y la muñeca se vuelve importante para ellos. Luego si alguien les quita la muñeca, lloran…

—Tienen suerte —dijo el guardavía.

■apuradas>apurado 急いで ■conduce>conducir 運転する ■inversa>inverso 逆の
■aplastan>aplastar 押しつぶす ■muñeca 人形 ■quita>quitar 奪う

「あの人たち、急いでるんだね」小さな王子さまは言った。「みんな、何を探してるの?」

「それは、列車の運転士も知らないんだよ」信号手は答えた。

2台目の列車が、急いで通り過ぎた。今度は反対方向へ進んでいった。

「あの人たち、もう帰っていくの?」小さな王子さまはたずねた。

「同じ人たちじゃないよ」信号手は言った。「あれは、すれ違ったんだ」

「自分のいた所で幸せじゃなかったから?」

「自分のいる場所で満足する人はいないね」信号手は答えた。

3台目の列車が通り過ぎた。

「あの人たち、1台目の旅行者に追いつこうとしてるの?」小さな王子さまはたずねた。

「何もしようとしてないよ」信号手は答えた。「列車の中では寝るか、あくびするかなのさ。窓に顔を押し付けているのは子どもたちだけだよ」

「子どもたちだけが、何をさがしているのかわかっているんだね」小さな王子さまは言った。「子どもたちは、時間をかけて人形の世話をやく、そうすると、その人形がとても大切になる。だからもしその人形を取り上げられたら、泣くんだ……」

「その子たちはラッキーなのさ」信号手は言った。

Capítulo XXIII

—¡Buenos días! —dijo el principito.

—¡Buenos días! —dijo el vendedor.

El vendedor vendía píldoras especiales. Las píldoras hacían que la gente no tuviera sed. Si tomaseis una píldora por semana, nunca necesitaríais un trago de agua.

—¿Por qué vendes esas píldoras? —preguntó el principito.

—Ahorran mucho tiempo —dijo el vendedor—. Los científicos han hecho los cálculos. Estas píldoras ahorran cincuenta y tres minutos cada semana.

—¿Qué hace la gente con estos cincuenta y tres minutos?

—Hacen lo que quieren…

El principito se dijo a sí mismo: "Si yo tuviera esos cincuenta y tres minutos, caminaría lentamente hacia un pozo de agua fresca".

■vendedor セールスマン、売り手 ■píldora(s) 丸薬 ■ahorran>ahorrar 節約する
■científico(s) 科学者 ■cálculo(s) 計算 ■lentamente ゆっくり

第 23 章

「おはよう」小さな王子さまは言った。

「おはよう」セールスマンは言った。

　このセールスマンは、特殊な錠剤を売っていた。これを飲むと、のどの渇きを感じなくなる。毎週、一錠ずつ飲めば、水を全く飲まなくてもいいのだ。

「どうしてこの錠剤を売ってるの？」小さな王子さまはたずねた。

「ものすごく時間が節約できるからさ」セールスマンは言った。「科学者たちが計算したんだ。この錠剤で、毎週53分の節約になる」

「その53分で何をするの？」

「何でも、やりたいことをやるのさ……」

「もし53分あったら、ぼくなら、きれいな水の出る井戸にゆっくりと歩いていくけどなあ」小さな王子さまはつぶやいた。

Capítulo XXIV

Habían pasado ocho días desde el accidente aéreo. Mientras escuchaba la historia del principito sobre el vendedor, tomé mi última gota de agua.

—¡Ah! —dije al principito—. Tus recuerdos son muy interesantes, pero yo no he reparado mi avión. Y no tengo más agua para beber. ¡Sería muy feliz si pudiera caminar lentamente hacia un pozo de agua fresca!

—Mi amigo el zorro me dijo…

—Pero mi pequeño y querido amigo, ¡esto no tiene nada que ver con un zorro!

—¿Por qué?

—Porque nos vamos a morir de sed…

Él no comprendió. Dijo: —Es bueno haber tenido un amigo, aún si uno va a morir. Yo estoy muy contento de haber tenido un zorro como amigo…

"No comprende el peligro", me dije a mi mismo. "Nunca tiene hambre ni sed. Todo lo que necesita es un poco de luz solar…"

Pero luego me miró y respondió a mis pensamientos:

■aéreo 飛行機の　■historia 物語　■gota しずく、一滴　■sed のどの渇き
■pensamiento(s) 考え

第 24 章

　ぼくの飛行機が墜落してから 8 日たった。小さな王子さまがセールスマンの話をするのを聞きながら、ぼくは残った水の最後の一滴を飲んだ。

　「ああ！」ぼくは小さな王子さまに言った。「きみの思い出話にはとても興味を引かれるよ。でも飛行機は修理できてない。水も、もうない。真水の出る井戸へゆっくりと歩いていけたら、ぼくはそれこそ嬉しいだろうよ！」

　「ぼくの友達のキツネが言ったことには……」
　「でもきみ、キツネとは全く関係ないんだ！」

　「なぜ？」
　「なぜって、ぼくらはのどが渇いて死んでしまうからさ……」
　王子さまにはわからなかった。そして言った。「もし死ぬとしても、友情を培っておいたのはいいことだよ。ぼくは、キツネと友達になったこと、本当に嬉しいよ……」
　「王子さまは、この危険がわかっていない」ぼくは心の中で思った。「腹が減ったり、のどが渇いたりということがないんだ。お日さまがほんの少しあれば、生きていけるんだ……」
　しかし、王子さまはこちらを見て、ぼくの思っていることにちゃんと答えた。

—Tengo sed también… Vamos a buscar un pozo de agua fresca…

Me sentía cansado. Pensé que era tonto buscar un pozo en el desierto. El desierto era tan grande. No sabíamos dónde buscar. Sin embargo, comenzamos a caminar.

Caminamos durante horas y no hablamos. Llegó la noche y aparecieron las estrellas. Me sentía bastante enfermo a causa de la sed. Todo parecía como un sueño. Las palabras del principito danzaban en mi cabeza.

—Entonces, ¿tú también tienes sed? —le pregunté.

Pero no me respondió. Simplemente dijo:

—El agua también es buena para el corazón…

No comprendí. Aun así, no pregunté qué quiso decir… Sabía que no había necesidad.

Él estaba cansado y se sentó. Me senté junto a él. Después de un rato, él dijo:

—Las estrellas son hermosas. Son hermosas porque en algún sitio hay una flor que no puedo ver desde aquí…

—Sí —dije, y miré a la arena iluminada por la luna.

—El desierto es hermoso —observó el principito.

Y tenía razón. A mí siempre me ha gustado el desierto. En el desierto, te sientas en la arena. No ves nada. No oyes nada. Y sin embargo algo hermoso llena el silencio…

—El desierto es hermoso —dijo el principito—, porque hay un pozo oculto en algún sitio…

■tonto ばかばかしい　■enfermo 気分が悪く、病気の　■oculto 隠れた

「ぼくものどが渇いたよ……。真水の出る井戸を探しに行こう……」

ぼくは疲れを感じた。砂漠の中で、井戸を探すなんてばかばかしいと思った。この砂漠は巨大だ。どこから探せばいいのか見当もつかない。でもとにかく、ぼくらは歩き始めた。

何時間も、ぼくらはただ歩いて、一言もしゃべらなかった。夜になって、星が出た。ぼくはあんまりのどが渇いて、気分がわるくなった。何もかもが夢の中のできごとのようだ。小さな王子さまの言葉が、ぼくの頭のなかで踊る。

「じゃ、きみものどが渇いてるんだね？」ぼくはたずねた。

でも王子さまは答えなかった。ただ、こう言っただけだった。

「水は心にもいいんだよ……」

ぼくにはわからなかった。それでも、どういう意味かと聞いたりしなかった……。その必要がないことは、わかっていたから。

王子さまは疲れて、すわり込んだ。ぼくも隣にすわった。しばらくして、王子さまが言った。

「星はきれいだ。ここからは見えない花が、どこかで一輪咲いているからだね……」

「そうだね」ぼくは言って、月に照らされた砂の起伏を見つめた。

「砂漠は美しい」小さな王子さまが言った。

そのとおりだった。ぼくはいつも砂漠を愛してきた。砂漠では、砂の上にすわるのだ。何も見えない。何も聞こえない。なのに、何か美しいものが静寂を満たすのだ……。

「砂漠は美しい」小さな王子さまが言った。「どこかに井戸が隠されているから」

De pronto comprendí por qué el desierto era hermoso. Cuando yo era un niño pequeño vivía en una casa muy vieja. La gente siempre había creído que en la casa había un tesoro escondido. Por supuesto, nunca nadie lo encontró. Quizás nadie lo había buscado realmente. Pero la historia del tesoro llenaba la casa y la hacía hermosa. Mi casa tenía un secreto oculto en el fondo de su corazón…

—Sí —le dije al principito—. No importa si estamos hablado sobre casas o estrellas o el desierto. ¡Lo que les hace hermosos no se puede ver con los ojos!

—Me alegra que estés de acuerdo con mi amigo el zorro —dijo él. Luego el principito se durmió. Lo levanté. Lo sostuve en mis brazos mientras caminaba. Mi corazón estaba pleno. Sentí que estaba llevando un frágil tesoro. Sentí que no había nada más frágil sobre la Tierra. A la luz de la luna, miré su rostro pálido, sus ojos cerrados y su cabello moviéndose suavemente por el viento. Me dije a mi mismo: "Lo que veo aquí es solo un caparazón. La parte más importante está oculta a los ojos…"

Al ver sus labios a medio sonreír mientras dormía, me dije a mi mismo: "El amor sincero del principito por su flor me llena el corazón. Su amor resplandece desde adentro suyo, como la luz de una lámpara. Resplandece incluso cuando está dormido…" Y entonces me pareció aún más frágil. Esa luz debe protegerse: incluso un poquito de viento puede apagarla…

Esa mañana, temprano, encontré el pozo.

★
■fondo 奥、底 ■me alegra que...>alegrarse que... 〜でうれしい ■sostuve>sostener 支える ■frágil もろい ■tesoro 宝物 ■pálido 青白い ■suavemente 軽く、そっと ■caparazón 殻、甲羅 ■labio(s) 唇 ■resplandece>resplandecer 輝く ■lámpara ランプ ■encontré>encontrar 見つける

　突如としてぼくは、砂漠がなぜ美しいかを理解した。子どもだったころ、ぼくはとても古い家に住んでいた。その家のどこかに宝物が隠されているらしいとずっと言われてきた。もちろん、だれも見つけたものはいない。真剣に探した人もいなかったのだろう。それでも、この宝物の言い伝えが家を満たし、美しくした。ぼくの家は、見えない中心部の奥深く、秘密を隠していたのだ……。

　「そうだ」ぼくは小さな王子さまに言った。「ぼくらの話していることが家でも、星でも、砂漠でも関係ない——それらを美しくしているものは、目には見えないんだ！」

　「きみが、友達のキツネと同じことを考えていてくれてうれしいよ」王子さまは言った。

　そして、小さな王子さまは眠りに落ちた。ぼくは彼を抱き上げた。王子さまを抱きかかえて、歩いた。ぼくは胸がいっぱいだった。こわれそうな宝物を抱えている気がした。この地上で、これほど繊細でこわれやすいものはないような気がした。月明かりに、ぼくはその青白い顔や、閉じた眼、風にかすかに揺れる髪を見つめた。ぼくは心の中で思った。「今見ているのは、外側の、殻にすぎないんだ。一番大切な部分は目には見えないんだ……」

　眠りの中で、半分笑ったような王子さまの唇を見ながら、ぼくは思った。「小さな王子さまの持つ、自分の花への本物の愛が、ぼくの心を満たす。王子さまの愛は、ランプの光みたいに、彼の内側から光を放ってる。眠っているときでさえ輝いて……」そうすると、王子さまはなおいっそう、こわれやすいものに思えるのだった。この光は守らなければならない。ほんのかすかな風で消えてしまうかもしれないのだから……。

　その日の早朝、ぼくは井戸を見つけた。

覚えておきたいスペイン語表現

Pero si me domesticas, entonces nos necesitaremos el uno al otro.
（p.150, 下から11–10行目）
でもきみにぼくがなついたら、ぼくたちはお互いが必要になるんだ。

【解説】domesticarは、通常、「飼いならす」、「手なずける」、「調教する」といった、服従の意味で使われますが、キツネが王子さまに教えているように、ここでは、crear lazos o formar un vínculo（つながりやきずなをつくること）という意味です。ふたりの間につながりやきずなができると、お互いがúnico（唯一の）、irremplazable（かけがえのない）存在になるのです。見慣れない単語が出てきたときは、辞書に載っている意味に加えて、前後の文や文章全体から真意を読み取らなければなりません。

【例文】
① El elefante de este circo está bien domesticado.
　このサーカス団の象はよく訓練されている。

② ¡Será tan maravilloso cuando me hayas domesticado! （p.152, 下から9行目）
　そのきみが、ぼくの心を開いてなつかせてくれたら、すてきだろうなあ！

El trigo dorado me hará pensar en ti. （p.152, 下から9–8行目）
金色の麦を見たら、ぼくはきみのことを思うよ。

【解説】hacerは、「する」、「作る」という意味のほか、hacer + 不定詞 の形にして、「…させる」という使役を表わします。なので、構文としては、

　El trigo dorado （金色の麦が）　me （ぼくを）　hará pensar （考えさせる）

という形になります。dejarも使役を表すのは前述のとおりですが、dejarの使役が「自由にやらせる」意味合いを持つのに対し、hacerの使役は「状況をつくる」場合に用います。また、接続詞queを使い、Hace que piense en ti. という形にすることもできます。pensar en + 名詞または代名詞 は「…に思いを巡らせる」という意味です。

【例文】
① Le hice al principito llorar.
　ぼくは、王子さまを泣かせた。（ぼくが、王子さまを泣かせる原因をつくった）
　＊ Le dejé al principito llorar. と言うと、「ぼくは、王子さまを（好きなだけ）泣かせてやった」という意味になります。

172

② Puedo hacer que te lleven al aeropuerto.
きみを空港まで送らせることもできるよ。

③ Precisamente estaba pensando en ti.
ちょうどきみのことを考えていたんだ。

Eso es obra tuya. (p.156, 7行目)
きみのせいなんだよ。

【解説】事の原因を誰かのせいにするときに使う表現です。obra（しわざ）の代わりにculpa（罪）を使うこともできます。本文では、王子さまになついた結果、王子さまとの別れが名残惜しくなったキツネと、キツネを悲しませたくない王子さまの、いとおしく切ないやり取りの中で使われていますが、日常生活やビジネスシーンでこの表現を多用すると、いつも問題を相手のせいにする人と思われてしまいますのでほどほどに。

【例文】
① No es obra de la suerte, sino del esfuerzo.
運ではなく努力による賜物だ。

② Por obra del proteccionismo, se destruyen muchas toneladas de alimentos.
保護主義政策のせいで、何トンもの食料が廃棄されてしまっている。

¡Esto no tiene nada que ver con un zorro! (p.166, 9-10行目)
キツネとは全く関係ないんだ！

【解説】残った水の最後の一滴を飲み干してしまった上に、飛行機の修理も終わっていない「ぼく」は、心の余裕を失い、王子さまの話に放った一言です。Tener nada que ver con + 名詞 で「…とは全く無関係である」という意味になり、スペイン語ネイティブが多用する表現です。日常会話では省略した形の Nada que ver.（関係ないね）もよく使われます。

【例文】
① Yo no tengo nada que ver con este tema.
この件に関して私はノータッチだ。

② Eso no tiene nada que ver conmigo.
それと私は一切関係ない。

La parte más importante está oculta a los ojos... （p.170, 下から9–8行目）
一番大切な部分は目には見えないんだ……

【解説】「目で見えない」は、単純に no se puede ver con los ojos（p.170, 8行目）とも言えますが、oculto（隠れた）を使うことで、「（そこにはあるが）目では見ることができない」という意味合いが強まります。

【例文】
① El cariño de los padres a los hijos a veces está oculto a los ojos.
子に対する親の愛情はいつも目に見えるものではない。

② La negociación se realizó a puerta cerrada, oculta a los ojos de la ciudadanía y sin actas disponibles.
交渉は、密室で水面下で行われ、議事録の公開もなかった。

Parte 7

---- ✳ ----

Capítulo 25-27

Capítulo XXV

—La gente se apura para subirse a los trenes —dijo el principito—. Pero no saben qué es lo están buscando. Entonces se enfadan. Luego corren en círculos…

Añadió:

—No hay razón para hacer eso…

El pozo que encontramos no se parecía a la mayoría de los pozos en el Sahara. La mayoría de los pozos del desierto son simples agujeros excavados en la arena. Este se parecía a un pozo de una aldea. Pero no había ninguna aldea aquí. Pensé que estaba soñando.

—Es extraño —le dije al principito—. Todo está listo: la polea, el cubo y la cuerda…

Se rio y recogió la cuerda. Comenzó a hacer funcionar la polea. Esta hizo un sonido gimiente como una veleta cuando el viento ha estado dormido por mucho tiempo.

—¿Oyes eso? —dijo el principito—. Hemos despertado al pozo. Ahora está cantando…

No quería que hiciera todo el trabajo él solo:

—Déjame hacerlo a mí —le dije—. Es demasiado pesado para ti.

■círculo(s) 円 ■agujero(s) 穴、裂け目 ■excavados>excavar 掘る ■aldea 村、集落 ■polea 滑車 ■cubo バケツ ■cuerda なわ、ロープ ■funcionar 働く、機能する ■gimiente きしんで（>gemir うめく）■veleta 風見鶏 ■pesado 重い

第 25 章

「人間たちって、列車に乗ろうとして急ぐんだね」小さな王子さまは言った。「でも、自分が何を探しているのかわからないんだ。だから、腹を立てる。そして、同じところをぐるぐると走り回るんだ……」

王子さまは続けて言った。

「そんなことをする理由は一つもないのにね……」

ぼくらが見つけた井戸は、サハラ砂漠にある普通の井戸とは違っていた。砂漠の井戸というものはたいてい、砂に穴を掘っただけのものだ。これは、村にある井戸のようだった。でもこのあたりに村はない。夢を見ているのかもしれないと思った。

「不思議だね」ぼくは小さな王子さまに言った。「何もかも、そろってる。滑車も、つるべも、ロープも……」

王子さまは笑って、ロープをつかみ、滑車を動かし始めた。滑車は、久しぶりの風を受けた風見鶏のように、きしんだ音を立てた。

「聞こえるかい？」王子さまは言った。「ぼくらは井戸を目覚めさせたんだ。今はほら、歌ってる……」

ぼくは、王子さまひとりに作業をやらせたくなかった。

「ぼくがやろう」ぼくは言った。「きみには重すぎるよ」

Subí el cubo lentamente. Lo dejé sobre el borde del pozo. Todavía podía oír a la polea cantando en mis oídos. Todavía podía ver la luz del sol brillando sobre el agua.

—Tengo sed de esta agua —dijo el principito—. Dame de beber un poco...

¡Y entonces comprendí lo que él estaba buscando!

Subí el cubo a sus labios. Él cerró sus ojos y bebió. El agua era dulce. Beberla era como una fiesta. Esta agua era más que una bebida. Era dulce por nuestro caminar bajo las estrellas, por el canto de la polea, por el esfuerzo de mis brazos. Esta agua era buena para el corazón. Era como un regalo. Me recordó a la época navideña cuando yo era un niño pequeño, y cómo las luces del árbol de Navidad y la música de la misa de medianoche, todo creaba la alegría que era mi regalo de Navidad.

■borde ふち ■dulce 甘い ■esfuerzo 頑張り、努力 ■regalo 贈り物 ■recordó>
recordar 思い出させる ■época 季節、シーズン ■navideña>navideño クリスマスの
■misa ミサ

　ゆっくりと、ぼくはつるべを引っ張り上げて、井戸のふちにのせた。今で
も、耳の奥であの滑車の歌が聞こえる。水面に反射する太陽の光が見える。

「この水が飲みたい」王子さまは言った。「少し飲ませてよ……」

　この時、ぼくは、王子さまの探し物がわかったのだ！
　ぼくはつるべを王子さまの口元に持っていった。王子さまは目を閉じて、
飲んだ。水は甘かった。それを飲むのは祝祭のようだった。この水は、ただ
の飲み水じゃない。これが甘いのは、ぼくらが星降る空の下を歩き、滑車
が歌い、ぼくが腕に力を込めて汲んだからだ。この水は、心にいい水
なのだ。贈り物みたいに。子どもの頃のクリスマスがよみがえ
ってくる。ツリーを飾るたくさんの光や、真夜中のミサ
の音楽が、ぼくらの心を喜びで満た
してくれた。そ
れこそが、ク
リスマスの贈
り物だった。

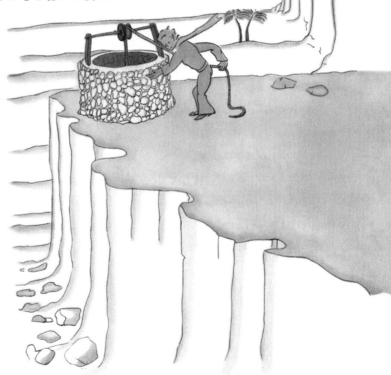

El principito dijo:

—Las personas en este planeta cultivan cinco mil rosas en un solo jardín... y aun así no pueden encontrar lo que están buscando...

—No lo encuentran —reconocí.

—Y, sin embargo, lo que están buscando se puede encontrar en una sola rosa o en un simple trago de agua...

—Por supuesto —dije.

—Pero nuestros ojos no lo pueden ver. Debemos mirar con nuestros corazones.

Yo había bebido algo de agua. Me sentía mejor. Bajo el sol de la mañana, la arena del desierto es de color miel. Estaba contento de mirarla. Entonces, ¿por qué me sentía triste?

—Debes cumplir tu promesa —dijo el principito amablemente. Estaba sentado junto a mí.

—¿Qué promesa?

—Ya sabes... el bozal para mi cordero... soy responsable de mi flor.

Saqué mis dibujos del bolsillo. El principito los vio y comenzó a reír:

—Tus baobabs parecen repollos...

—¡Oh! —¡Yo estaba tan orgulloso de mis baobabs!

—Y tu zorro... sus orejas... parecen un poco como cuernos... ¡y son demasiado largas!

Se volvió a reír. Yo le dije:

■cultivan>cultivar 植える ■reconocí>reconocer 認める ■trago 一杯、一口 ■miel はちみつ（の） ■repollo(s) キャベツ

小さな王子さまは言った。

「この惑星の人たちは、たった一つの庭に5000本のバラを植える……それでも、探しているものを見つけられないんだ……」

「見つけられないね」ぼくは応えた。

「探し物は、たった一本のバラや、たった一杯の水の中に見つけられるのにね……」

「ほんとうだね」ぼくは言った。

「でもぼくらの目には見えない。心の目で見なければならないんだ」

ぼくは水を飲んだおかげで、気分がよくなっていた。朝の光の中で、砂漠の砂ははちみつの色をしている。ぼくは満ち足りた気持ちでそれをながめた。なのになぜ、まだ悲しいのだろう?

「約束を守ってね」王子さまは静かに言った。ぼくの隣にすわっていた。

「約束って、なんの?」

「ほら……ぼくのヒツジの口輪だよ……。ぼくは、あの花に責任があるんだ」

ぼくは、ポケットから絵を取り出した。小さな王子さまはそれを見て、笑い始めた。

「きみのバオバブは、キャベツみたいだね……」

「えっ!」ぼくはバオバブの絵にはかなり自信があったのに!

「それにキツネも……耳が……ちょっと角みたいじゃないか……それに長すぎるよ!」

王子さまはまた笑った。ぼくは言った。

—No eres justo, mi pequeño amigo. Solo puedo dibujar el interior y exterior de serpientes boas.

—¡Oh! Eso está bien —dijo él—. Los niños entenderán.

Dibujé un bozal para su cordero. Pero mi corazón estaba extrañamente triste. Le dije:

—Tienes planes que no has compartido conmigo…

Pero no respondió. En cambio, dijo:

—¿Sabes? Mañana hará un año desde mi caída en la Tierra…

Luego, después de un momento, dijo:

—El sitio donde caí está muy cerca de aquí… —Su rostro se sonrosó.

Y de nuevo, sin comprender por qué, me sentí extrañamente triste. Le hice esta pregunta:

—Entonces, en la mañana que te conocí, ¿no estabas caminando por casualidad por el desierto? ¿Estabas regresando al sitio donde caíste?

El rostro del principito estaba muy sonrosado.

Aún estaba ruborizado. Yo añadí:

—¿Tal vez estabas regresando porque hace ya un año desde que caíste en la Tierra?

Él nunca contestaba mis preguntas. Pero cuando alguien se ruboriza, eso significa "Sí", ¿no es cierto?

—Oh —dije—. Tengo miedo por ti…

Pero él me dijo:

■justo 公平な　■extrañamente 不思議と、なぜか

「きみ、きみ、それはフェアじゃないよ。ぼくはもともと、大蛇ボアの内と外しか描けないんだからね」

「それでいいんだよ」王子さまは言った。「子どもたちにはわかるよ」

ぼくは王子さまのヒツジにはめる口輪を描いた。でもぼくの心は、なぜか悲しみに沈んでいた。

ぼくは王子さまに言った。「ぼくに話してくれてない計画があるんだね……」

でも王子さまは答えなかった。代わりにこう言ったのだ。

「明日は、明日はね、ぼくが地球に落ちてきてから1年になるんだ……」

そして、少し黙ってからこう言った。

「ぼくが落ちたところは、ここからかなり近いんだ……」王子さまの顔は薄桃色に染まった。

今度も、なぜだかわからないまま、ぼくは奇妙な胸の痛みにおそわれて、たずねた。

「ということは、ぼくがきみに初めて会った朝、砂漠を偶然歩いていたわけじゃなかったのかい？　落ちた場所へ戻ろうとしていたんだね？」

小さな王子さまの顔はいよいよ赤みが増した。

まだ頬を染めている。ぼくは続けた。

「きっと、地球に落ちてから1年だから、戻ろうとしていたんだね？」

王子さまは、ぼくの質問には答えなかった。でも、だれかが頬を染めるとき、それは「うん」ということだよね？

「ああ！」ぼくは言った。「ぼくはきみのことが心配だ……」

でも王子さまは言った。

—Deberías irte ahora. Regresa y trabaja en tu avión. Te esperaré aquí. Vuelve mañana por la noche…

No me sentía mejor. Recordé al zorro. Corremos peligro de sentirnos tristes si permitimos que nos domestiquen…

 # Capítulo XXVI

Junto al pozo había un viejo muro de piedras. Cuando volví la noche siguiente, pude ver a mi principito sentado en la pared. Y le pude oír decir:

—¿No te acuerdas? ¡No era exactamente aquí!

Alguien más le debe haber respondido porque luego él dijo: —¡Oh, sí, sí! ¡Definitivamente hoy es el día, pero este no es el lugar…!

Continué caminando hacia el muro. No vi ni oí a nadie, excepto al principito. Aun así, él volvió a hablar:

—… ¡Por supuesto! Verás mis huellas en la arena. Todo lo que tienes que hacer es esperarme. Estaré allí esta noche.

Yo estaba a veinte metros del muro. Aún no podía ver a nadie.

Un momento después, el principito preguntó:

■muro 壁　■pared 壁、へい　■definitivamente きっと　■huella(s) 足跡、形跡

「きみはもう、行かなきゃ。戻って、飛行機の修理をして。ぼくはここで待ってるよ。明日の夜、戻ってきて……」

ぼくの気持ちはちっとも晴れなかった。キツネのことを思い出していた。心を開いてなつかせることを許したら、つらい気持ちになる危険も冒すんだ……。

第26章

井戸のかたわらには、古い石の壁が立っていた。次の日の夜、ぼくが戻ると、ぼくの小さな王子さまが壁の上にすわっているのが見えた。そしてこう言うのが聞こえた。

「覚えていないの？　正確にはここじゃなかったよ！」

だれかが答えたに違いない。王子さまは言い返している。「ああ、そう、そうなんだ！　今日がその日だよ。でも場所はここじゃない……」

ぼくは壁に向かって歩き続けた。小さな王子さま以外には、だれの姿も声もない。でも王子さまはまたこう言った。

「……もちろんだよ。砂の上にぼくの足跡が見えるよ。きみは、ぼくが来るのを待つだけでいいんだ。今晩、そこに行くから」

ぼくは、壁から20メートルのところに来ていた。それでも、だれも見えない。

少ししてから、王子さまがたずねた。

—¿Tienes un buen veneno? ¿Estás segura de que no sufriré por mucho tiempo?

Me detuve. Mi corazón estaba congelado, pero aún no comprendía.

—Ahora vete —dijo él—. Quiero bajarme de este muro.

Luego miré al pie del muro. ¡Di un brinco por la conmoción!

Mirando al principito, había una de esas serpientes amarillas que te pueden matar en treinta segundos. Cogí mi arma y corrí hacia el muro. Pero al escuchar el ruido, la serpiente se deslizó suavemente por la arena y desapareció entre las piedras.

Llegué al muro y cogí al principito en mis brazos. Su rostro estaba blanco como la nieve.

—¿Qué sucede aquí? ¿Por qué estás hablando con serpientes?

Desaté su bufanda. Limpié su frente. Le hice tomar un poco de agua. Pero tenía miedo de hacerle más preguntas. Él me miró. Luego puso sus brazos alrededor de mi cuello. Pude escuchar su corazón latir. Sonaba como el corazón de un pájaro moribundo al que le han disparado.

Él dijo:

—Estoy contento de que hayas arreglado tu avión. Ahora puedes irte a casa…

—¿Cómo supiste eso? —clamé. ¡Estaba a punto de decirle que finalmente había arreglado mi avión!

■ veneno 毒　■me detuve>detenerse 立ち止まる　■congelado 凍った、冷凍の
■brinco 跳躍　■conmoción 衝撃　■cogí>coger 手に取る、つかむ　■se deslizó>
deslizarse すべる　■desaté>desatar ほどく　■limpié>limpiar きれいにする　■latir 鼓
動する　■moribundo 瀕死の　■han disparado>disparar 撃つ　■clamé>clamar 叫ぶ

「きみのはいい毒なんだね？　あまり長く苦しまなくてもいいんだね？」

ぼくは立ち止まった。ぼくの心は凍りついた。でもまだわからなかった。
「もう行ってよ」王子さまは言った。「この壁から降りたいんだ」
ぼくは壁の足もとへ目をやって、跳び上がった！
　30秒で人の命を奪える黄色いヘビが、小さな王子さまを見上げていた。ぼくは銃を手に取り、壁に向かって走り出した。その音を聞きつけて、ヘビはゆるやかに砂の上をすべり、石の間に消えてしまった。

ぼくは壁にたどり着いて、王子さまを腕に抱きとめた。王子さまの顔は、雪のように蒼白だった。
「どういうことなんだ？　なぜヘビなんかと話してるんだ？」
ぼくは王子さまの襟巻きをほどいた。そして額を拭いた。少し水を飲ませた。でも、それ以上、たずねるのが怖かった。王子さまはぼくを見つめ、両腕でぼくの首に抱きついた。王子さまの胸の鼓動が伝わってきた。撃たれて、息絶えようととしている、鳥の鼓動のようだった。
王子さまは言った。
「きみの飛行機が直ってよかった。これで、きみは家に帰れるね……」
「どうして知ってるの？」
ぼくは叫んだ。ついに直ったと、今言うところだったのだから！

Él no me respondió, pero dijo:

—También yo vuelvo a casa hoy...

Con tristeza, añadió:

—Es mucho más lejos... será mucho más difícil...

Algo extraño y terrible estaba sucediendo. Sostuve al principito en mis brazos como a un bebé. Pero sentí que, de alguna manera, sin importar lo que yo hiciera, él estaba escabulléndose.

Sus ojos estaban tristes. Parecía como si estuviera ensimismado, alejado.

Yo dije: —Tengo tu cordero. Y tengo la caja para tu cordero. Y el bozal...

Él sonrió tristemente.

Esperé durante un rato largo. Pensé que se veía mejor.

Yo dije:

—Mi pequeño amigo, estabas asustado...

¡Por supuesto que había estado asustado! Pero él rio dulcemente y dijo:

—Estaré mucho más asustado esta noche...

Nuevamente, quedé helado por el miedo. Y comprendí lo horrible que me sentiría si nunca más volvía a escuchar su risa. Para mí, esa risa era como un pozo de agua fresca en el desierto.

—Mi pequeño amigo, quiero escuchar tu risa de nuevo...

Pero él me dijo:

—Esta noche hará un año desde que llegué aquí. Mi estrella se encontrará precisamente arriba del lugar donde caí hace un año...

■escabulléndose>escabullirse（手から）滑り落ちる　■ensimismado ぼんやりした
■alejado 遠くの　■asustado 怖い、心配した　■helado 凍った　■precisamente 正確に

王子さまは答えずに、こう言った。

「今夜、ぼくも家に帰るよ……」

王子さまは悲しそうに付け足した。

「もっと、ずっと遠くて、もっとずっと難しいけれど……」

何か、はかりしれない、恐ろしいことが起きようとしていた。ぼくは、王子さまを赤ちゃんを抱きしめるように腕に抱いた。でも、たとえ何をしても、王子さまがすり抜けて離れていくのを感じた。

王子さまの悲しげなまなざしは、はるかかなたをさまよっていた。

ぼくは言った。「きみのヒツジの絵があるよ。ヒツジの入る箱もあるし、口輪もあるよ……」

王子さまは寂しそうに微笑んだ。

ぼくは長いこと待った。王子さまは少しよくなったように見えた。ぼくは言った。

「ぼくの大切な友よ、怖かっただろう……」

怖かったに決まっている！ なのに、王子さまはやさしく笑って言った。

「ぼく、今夜になればもっと怖いよ……」

ふたたび、ぼくは恐怖に凍りついた。そして、王子さまのこの笑い声がもう二度と聞けなくなるのかと思うと、とても耐えられないことに気付いた。ぼくにとって、あの笑い声は砂漠の中の真水の井戸のようだったのだ。

「ぼくの大切な友よ、きみの笑い声をもう一度聞きたい……」

王子さまはただこう言った。

「今夜、ぼくがここに来てからちょうど1年になる。ぼくの星は、ぼくが1年前に落ちた場所の真上に来るんだ……」

—Por favor, dime que esta historia de la serpiente y la estrella es sólo una pesadilla.

Pero él no respondió a mi pregunta. Me dijo:

—Las cosas que son más importantes no se pueden ver...

—Por supuesto...

—Es como mi flor. Si amas una flor que vive en una estrella, te hace feliz mirar al cielo por la noche. Todas las estrellas parecen flores.

—Por supuesto...

—Es como el agua. El agua que me diste de beber era como música. La polea y la cuerda estaban cantando... Te acuerdas... era hermoso.

—Por supuesto...

—Mirarás a las estrellas por la noche. Mi estrella, mi hogar, es demasiado pequeña para que te la muestre. Eso será mejor. Mi pequeña estrella será para ti simplemente una de las estrellas. Y entonces te encantará mirar todas las estrellas. Todas serán tus amigas. Y te daré un regalo... —Él rio nuevamente.

—¡Ah, mi pequeño amigo, mi pequeño amigo, ¡cuánto me gusta escuchar tu risa!

—Ese será mi regalo... será como el agua.

—¿Qué quieres decir?

—Las estrellas significan distintas cosas para distintas personas. Para los viajeros, las estrellas son guías. Para otros, no son más que

---

■pesadilla 悪夢　■guía(s) ガイド、導き

「友よ、このヘビと星の話は、ただのわるい夢だと言っておくれよ」

でも王子さまは、ぼくのことばに答えなかった。そしてこう言った。
「いちばん大切なものは目には見えない……」
「そうだね……」
「ぼくの花もそうだ。どこかの星に咲いている一輪の花を愛したら、夜空を見上げるのが嬉しくなる。星がぜんぶ、花に見えるから」

「そのとおりだ……」
「水だって同じだ。君が飲ませてくれたあの水は、音楽のようだった。滑車も、ロープも歌ってた……。ほら、思い出すだろう……素敵だった」

「そうだね……」
「夜になったら星を見てね。ぼくの星、ぼくの家は、小さすぎて、どこにあるのかきみに見せてあげられない。でもそのほうがいいんだ。ぼくの小さな星は、たくさんの星の一つになるんだからね。だからきみは、星ぜんぶを見るのが好きになるよ。ぜんぶの星が、きみの友達になるんだ。それから、贈り物をきみにあげるよ……」王子さまは、また笑った。
　「ああ、友よ、友よ、きみの笑い声を聞くのが大好きだ！」

「そう。それがぼくの贈り物だよ……、さっきの水みたいにね」
「どういうこと？」
「星の意味は、見る人によって違うよね。旅行者には、星は導きとなってくれる。ほかの人にとっては、空にある小さな光でしかない。学者にとって

pequeñas luces en el cielo. Para la gente erudita, las estrellas son cosas sobre las cuales reflexionar. Para mi hombre de negocios, están hechas de oro. Pero todas estas estrellas son silenciosas. Tú, tú tendrás estrellas como nadie más…

—¿Qué quieres decir?

—Mirarás al cielo por las noches… Y porque vivo en una de las estrellas, porque me estaré riendo en esa estrella, escucharás a todas las estrellas reír. ¡Solo tú tendrás estrellas que ríen!

Y rio nuevamente.

—Y cuando te sientas más feliz (después de un tiempo, siempre nos sentimos más felices) estarás contento de haberme conocido. Siempre serás mi amigo. Tendrás ganas de reír conmigo. Y de vez en cuando, abrirás tu ventana… y todos tus amigos estarán sorprendidos de verte reír mientras miras al cielo. Y entonces les dirás: "¡Sí, mirar a las estrellas siempre me hace reír!". Y ellos creerán que estás loco. Te habré puesto en una situación muy extraña…

Y volvió a reír.

—Es como si te hubiese dado campanillas que ríen, en lugar de estrellas…

Él rio nuevamente. Luego se puso serio. Dijo:

—Esta noche… ¿sabes?… no vengas…

Yo le dije: —No te dejaré.

—Parecerá como si estuviera herido… Parecerá casi como si me estuviera muriendo. Parecerá eso. No vengas a ver eso… no hay necesidad.

■erudita>erudito 博識な ■reflexionar 考察する ■tendrás ganas de>tener ganas de ～したい、～する気分である ■situación 状況 ■campanilla(s) 鈴 ■herido 傷ついた

は星は考える対象だし、ぼくの出会った実業家にとっては、星は金でできて
いるんだ。でもどの星も音を立てない。でもきみ、きみの星は、ほかのだれ
のとも違う……」

「どういうこと？」

「きみは夜、空を眺める……そして、ぼくが空一杯の星の一つに住んでい
るから、ぼくがその星で笑ってるから、きみには、星という星が笑ってるよ
うに聞こえるよ。笑う星々を持つのはきみだけだ！」

王子さまはまた笑った。

「そして、きみがまた幸福な気持ちに満たされた時には（どんなときでも、
しばらくたてば悲しみは必ずやわらぐよ）、ぼくと知り合ってよかったって
思うよ。きみはずっとぼくの友達だもの。きみはぼくと一緒に笑いたくなる
よ。だから時々、窓を開ける……そしてきみの友達はみんな、きみが空を見
上げて笑ってるのを見て驚くだろう。そしたらこう言ってやるんだ。「そう
なんだよ。星空を見ると、いつも笑いがこみあげてくるんだよ！」みんな、
きみの頭がおかしいと思うだろう。ぼくはきみに、すごくおかしなことをさ
せてしまうわけだね……」

王子さまはまた笑った。

「星の代わりに、笑いさざめく小さな鈴をたくさん、きみにあげたみたい
になるね……」

王子さまはまた笑った。それから、真顔にもどって、言った。「今夜……、
ねえ、きみは戻ってきてはいけないよ」

ぼくは言った。「きみのそばを離れない」

「ぼくは痛がっているように見えるだろう……死にかかっているように見
えるだろう。そんなふうに見えるんだよ。だから、戻ってきて見てはいけな
い……見に来ることないんだよ」

—No te dejaré.

Pero él estaba preocupado.

—Te digo esto —dijo él—, por la serpiente. No quiero que te muerda. Las serpientes pueden ser terribles. Las serpientes pueden llegar a morder porque lo disfrutan...

—No te dejaré.

Pero luego, otro pensamiento le hizo sentir mejor.

—Es cierto que las serpientes solo tienen suficiente veneno para una sola mordida...

Aquella noche no lo vi irse. Desapareció sin hacer un sonido. Cuando por fin lo encontré, estaba caminando deprisa. Solamente me dijo:

—¡Oh! Estás aquí...

Y cogió mi mano. Pero todavía estaba preocupado:

—Has hecho mal en venir. Estarás triste. Parecerá casi como si me estuviera muriendo, pero eso no será verdad...

Yo no dije ni una palabra.

「きみのそばを離れないよ」

王子さまは心配していた。

「ぼくがこう言うのは」王子さまは言った。「ヘビのことがあるからだよ。きみが噛まれるのは嫌だ。ヘビは時々とんでもないことをする。おもしろ半分で噛んだりするんだ……」

「きみのそばを離れないよ」

でも、別のことを思いついて、王子さまは気が楽になったようだった。

「ヘビの毒は、一人分しかないんだった……」

その夜、ぼくは王子さまが立ち去るのに気付かなかった。音もなく、消えてしまったのだ。ようやくぼくが追いついたとき、王子さまは足早に歩いていた。ただこう言った。

「ああ！ 来たんだね……」

そしてぼくの手をとった。それでもまだ心配そうだった。

「君は来たらいけなかったんだよ。悲しくなるだろうからね。ぼくは死ぬように見えるかもしれないけど、本当はそうじゃないんだよ……」

ぼくは一言も言わなかった。

■preocupado 心配して　■morder 噛む　■disfrutan>disfrutar 楽しむ　■sonido 音

—Tú comprendes. Mi hogar está demasiado lejos. No puedo llevar este cuerpo conmigo. Es demasiado pesado.

No dije ni una palabra.

—Pero este cuerpo será como un cascarón vacío, como la corteza de un árbol viejo. Eso no es triste...

No dije ni una palabra.

Él estaba triste, pero intentó alegrarse:

—Será maravilloso ¿sabes? Al igual que tú, estaré mirando las estrellas. Todas las estrellas serán como pozos de agua fresca, con poleas oxidadas. Y yo beberé de las estrellas...

No dije ni una palabra.

—¡Será tan hermoso! Tú tendrás quinientos millones de campanas y yo tendré quinientos millones de pozos...

Luego se calló. Estaba llorando...

—Este es el lugar. Déjame caminar solo.

Se sentó porque tenía miedo. Dijo nuevamente:

—¿Sabes?... mi flor... ¡soy responsable por ella! ¡Y ella es tan frágil! Sabe tan poco. Sólo tiene cuatro espinas para protegerse de todo el mundo...

Me senté porque ya no podía mantenerme en pie. Él dijo:

—Tú sabes... Eso es todo...

「きみはわかるよね。ぼくの家はとても遠い。この体を持っていくことは
できないんだ。重すぎるんだよ」

ぼくは一言も言わなかった。

「でも体はぬけ殻みたいな、古い木の樹皮みたいなものだよ。だから悲し
くないんだよ……」

ぼくは一言も言わなかった。

王子さまは悲しかったのに、明るくふるまおうとしていた。

「きっと素晴らしいよ。ねえ。きみと同じように、ぼくも星を眺めてるよ。
どの星もぜんぶ、さびた滑車の付いた、真水の井戸みたいになるんだ。そし
て星という星が、ぼくに水を飲ませてくれるんだ……」

ぼくは一言も言わなかった。

「本当に素敵だろうなあ！　きみは5億の鈴を持ち、ぼくは5億の井戸を持
つことになるんだから……」

そして王子さまも黙った。泣いていたから……。

「ここだよ。ここから先は、ひとりで歩いて行くよ」

王子さまは怖さですわり込んだ。それでもしゃべり続けた。

「ねえ……ぼくの花……ぼくはあの花に責任があるんだ！　あんなにか弱
いんだもの！　それに何にも知らないんだ。世界ぜんぶに立ち向かって自分
を守るのに、小さなトゲが4つあるだけなんだよ……」

ぼくは、もう立っていられなくなってすわり込んだ。王子さまは言った。

「わかるよね……、それだけ……」

■cuerpo 体　■cascarón 殻　■vacío 空の　■corteza 樹皮、外皮
■oxidadas>oxidado さびた

El principito se detuvo solo por un momento. Luego se paró. Dio un paso. Yo no pude moverme.

Hubo tan sólo un pequeñísimo destello amarillo junto a su tobillo. Se quedó quieto por un momento. No gritó. Cayó tan lentamente como un árbol. Debido a la arena, no hizo el menor ruido.

Capítulo XXVII

Por supuesto, ya han pasado seis años… nunca antes había contado esta historia. Mis amigos estaban muy contentos al enterarse de que yo estaba vivo. Yo estaba triste, pero les decía: "Solo estoy cansado…"

■paso 歩み　■tan sólo ただ〜だけ　■destello きらめき、閃光　■quieto 動かない
■enterarse de 〜について知る

　小さな王子さまは、ほんの一呼吸おいて立ち上がり、一歩、前に踏み出した。ぼくは動けなかった。

　王子さまの足首のあたりに、黄色い光がほんのかすかに閃いた。一瞬、王子さまは動かなくなった。声もあげなかった。そして、木が倒れるようにゆっくりと、崩れ落ちた。物音ひとつしなかった。砂漠の砂の上だったから。

第２７章

　これはもう、６年も前の話だ……。今まで、この話をしたことはない。ぼくの友達は、ぼくが生きていることを知ってとても喜んでくれた。ぼくの心は沈んでいたけれど、彼らにはこう言った。「疲れているだけだよ……」

Ahora me siento mejor de alguna manera. Eso significa que...
no por completo. Pero sé que el principito regresó a su planeta.
Lo sé porque cuando volví a la mañana siguiente no encontré su
cuerpo. Y su cuerpo no era tan grande... Y ahora, por la noche, me
encanta escuchar a las estrellas. Suenan como quinientos millones
de campanas...

Pero hay algo extraño. Dibujé el bozal para el principito, ¡pero
olvidé dibujar la correa! No podrá ponérselo a su cordero. Y por lo
tanto me pregunto a mí mismo: "Que habrá pasado en su planeta?
Tal vez el cordero se ha comido la flor..."

A veces me digo: "¡Por supuesto que no! El principito cubre la
flor cada noche con su globo. Vigila a su cordero cuidadosamente".
Entonces me siento mejor. Y escucho a todas las estrellas reír
dulcemente.

Otras veces me digo: "Todos nos olvidamos de algo de vez en
cuando. ¡Solo una vez será suficiente! Tal vez una vez olvidó el
globo para su flor o quizás una noche el cordero salió de su caja..."
¡Entonces todas mis campanas se convierten en lágrimas!

Es un gran misterio. Para todos nosotros que amamos al principito,
el universo entero cambiaría si en algún sitio, de alguna manera,
un cordero que nunca hemos visto se ha comido o no se ha comido
cierta flor...

Mirad al cielo. Preguntaros: "¿El cordero se ha comido o no se ha
comido la flor?" Y veréis como todo cambia...

■correa 革ひも　■vigila>vigilar 監視する　■suficiente 十分な　■misterio 神秘、謎

今では少しだけ、悲しみもやわらいだ。ということは……、完全に消えたわけじゃない。でもぼくは、小さな王子さまが自分の星に帰って行ったことを知っている。翌朝戻ってみたら、王子さまの体がどこにもなかったからだ。あまり大きな体ではなかったし。だから今、夜になると、ぼくは星空に向かって耳を澄ませるのを楽しみにしている。5億もの鈴が鳴り響いているようだ……。

ただ、不可解なことが一つある。ぼくは小さな王子さまにヒツジの口輪を描いたのだが──ひもをつけるのを忘れてしまったのだ! 王子さまは、ヒツジに口輪をはめられないだろう。ぼくは自問する。「王子さまの星で、何が起こったのだろう? もしかしたらヒツジが花を食べてしまったかもしれない……」
あるときは、自分に言い聞かせる。「そんなこと、もちろんないさ! 王子さまは毎晩、花にケースをかぶせるし、ヒツジも注意深く見張っているから……」そう思うと、気が楽になる。すると、星という星がぜんぶ、やさしく笑っているのが聞こえるのだ。
また別のときにはこう思う。「だれでも時々は忘れたりするものだ。でも1回忘れただけで、もう駄目かもしれないんだぞ!」一度だけ、花にケースをかぶせ忘れたかもしれないし、ある晩、ヒツジが箱から出てしまったかもしれない……」すると、ぼくの鈴はぜんぶ、泣き始めるのだ!
これこそ、大いなる神秘だ。小さな王子さまが大好きなぼくたちにとっては、どこかで、なぜか、見たこともないヒツジが、ある花を食べてしまったかどうかで、宇宙全体が変わってしまうのだから……。

空を見上げて、考えてみてほしい。「あのヒツジはあの花を食べたか、それとも食べなかったか?」すると、何もかもが変わって見えることに気づくだろう……。

¡Y ni un adulto comprenderá por qué esto es importante!

Para mí, este es el lugar más hermoso y más triste del mundo. Es el mismo lugar que dibujé en la página anterior. Hice un segundo dibujo aquí para mostrároslo a vosotros de nuevo. Este es el lugar al que llegó el principito por primera vez en la Tierra y donde partió. Mirad atentamente para que, si alguna vez estáis viajando por África, en el desierto, podáis reconocer este sitio. Y si os encontráis en este sitio, no os apresuréis. ¡Deteneos y paraos por un momento justo debajo de su estrella! Y luego, si un niño viene a vosotros y se ríe y tiene el cabello dorado y no contesta a vuestras preguntas, sabréis quién es. Y entonces, por favor, sed amables conmigo. Permitidme que esté menos triste: escribidme rápido diciéndome que él ha regresado…

FIN

■anterior 前の　■permitidme>permitir 許す

おとなときたら、これがどうして大切なのか、ひとりもわからないのだ！

　これは、ぼくにとって、世界でいちばん美しく、いちばん悲しい場所だ。前のページと同じ場所だ。みんなに見てもらうために、もう一度、描いた。小さな王子さまは最初にここに着いて、ここから去って行った。いつかきみたちが、アフリカの砂漠を旅することがあれば、この場所を見分けられるように、しっかりと見ておいてくれ。そしてもしこの場所に行き会ったら、先を急いだりしないでくれ。立ち止まって、少しの間だけ、小さな王子さまの星の真下に立ってみてくれないか！　そしてもし、子どもがひとり近づいてきたら、そして笑ったら、その子が金色の髪をして、きみの質問にちっとも答えなかったら、それがだれだかきっとわかる。そうしたら、お願いだから、ぼくにやさしくしておくれ！　ぼくの悲しみを和らげておくれ。すぐにぼくに手紙を書いて、知らせておくれよ。星の王子さまが帰ってきたと……。

END

覚えておきたいスペイン語表現

> Esta agua era más que una bebida. (p.178, 8行目)
> この水はただの飲み水じゃない。

【解説】短い文ですが、この水がいかに特別であるのかが伝わってきます。másは、通常 La tierra es mucho más grande que mi planeta.（地球はぼくの惑星よりもっとずっと大きい）のように数、量、程度などを比較する際に使いますが、ser más que + 名詞 の形で、「…以上のものである」の意味になります。普段は味のしない水でも、運動でひとしきり汗をかいた後に飲む水は、格別の味があると思いませんか？ 王子さまが飲んだ水も、「ぼく」と二人で星降る空の下を歩き、ようやく見つけて、「ぼく」に飲ませてもらったから、特別な水なのです。「特別な」を表す時にはespecialが使われることが多いですが、自分にとって特別なものや大切なものを伝えるときに、ぜひこの表現を使ってみてください。

【例文】
① Para mí, el reloj de bolsillo que me regaló mi padre es más que un regalo cualquiera.
ぼくにとって、お父さんがくれた懐中時計は、単なる贈り物ではない。

② Para otros, no son más que pequeñas luces en el cielo. (p.190, 最終行–p.192, 1行目)
ほかの人にとっては、それらは空にある小さな光でしかない。

> No eres justo, mi pequeño amigo. (p.182, 1行目)
> きみ、きみ、それはフェアじゃないよ。

【解説】justoには英語のjustと同様に「ちょうど」、「ぴったり」などの意味のほか、英語のfairに当たる「公平な」、「正当な」という意味もあります。スペイン語には、複数の意味を含む単語はたくさんありますから、学習済みの単語であっても、辞書を改めて引いてみることが重要です。

【例文】
① Está justo encima de nosotros... (p.132, 8–9行目)
ちょうど、ぼくらの真上だ……。

② ¡No es justo!
ずるい！
＊ 幼稚な印象を与える表現なので、多用は禁物です。

> Tienes planes que no has compartido conmigo... (p.182, 6行目)
> ぼくに話してくれていない計画があるんだね……

【解説】とても切なく、そしてやさしい表現です。切ないのは王子さまが自分の惑星に戻る計画を「ぼく」にきちんと話してくれないからではなく、お別れが寂しいあまりにはっきりと帰ると言えない王子さま、その気持ちを汲み取って、無理に王子さまに話させようとしない「ぼく」の気持ちが伝わってくるからです。decir（言う）やmostrar（見せる）といった一方的な動作ではなく、compartir（共有する、分かち合う）という動詞の選択がポイントです。

【例文】
① Me gustaría compartir mis ideas con ustedes en mi presentación.
   プレゼンテーションの中で、私の考えをぜひ皆様にご紹介できればと思っています。

   ＊ ビジネスでプレゼンテーションを始める際に使える表現。Quiero hablar de mis ideas.
   （私の考えについて話したい）と言うよりも、自分の考えを共有したいという思いが伝わるので、聞き手の注意を引くことができます。

② Quiero que me compartas tu opinión para este asunto.
   この件に対するきみの意見を聞かせてもらえるかな。

> ¡Cuánto me gusta escuchar tu risa! (p.190, 下から6–5行目)
> きみの笑い声を聞くのが大好きだ！

【解説】cuántoは¿Cuántos años tienes?（きみの年はいくつ？）のように、通常、数を尋ねるときに使う疑問詞ですが、文中の使い方のように、感嘆文で「どれほど」の意味で用いることもできます。王子さまがかわいらしく笑う表情が目に浮かび、読者を温かい気持ちにさせてくれます。

【例文】
① ¡Cuánto has crecido!
   こんなに大きくなったんだね！

② ¡Cuánto me entristece!
   なんて悲しいんだ！

> Las estrellas significan distintas cosas para distintas personas.
> （p.190, 下から2行目）
> 星の意味は、見る人によって違うよね。

【解説】いつも話しかけてくれたバラや、なついたキツネとのお別れを経験した王子さまだからこそ言える一言です。distinto は「異なった」意味だけで覚えられがちですが、「さまざまな」の意味でも多用されますので、意味の取り違えに注意する必要があります。

【例文】

① Un ritual es lo que hace que un día sea distinto a otro o una hora distinta a otras horas. （p.154, 下から3–2行目）
ならわしっていうのは、一日がほかの日と、一時間がほかの時間と違うようにすることさ。

② En la conferencia se discutieron distintos puntos del problema social.
会議では社会問題におけるさまざまな論点が取り上げられた。

[原著者]

サン＝テグジュペリ　Antoine de Saint-Exupéry (1900–1944)

フランス、リヨン生まれ。海軍兵学校の受験に失敗し、兵役で航空連隊を志願する。除隊後、民間の郵便航空業界に入り、パイロットとして定期郵便飛行に従事する。1926年に作家としてデビュー。その後も航空業にかかわる傍ら、自身の飛行体験をもとに『夜間飛行』『人間の土地』などの名作を生み出す。43年にアメリカで『星の王子さま』を出版。第二次世界大戦中に33-2偵察部隊に配属され、44年にコルシカ島から偵察飛行に出たまま消息を絶つ。

[スペイン語訳]

セシリア・フェルナンデス＝フノ　Cecilia Fernández-Juno

スペイン語と英語のバイリンガル翻訳者。大学でメディア＆コミュニケーションを専攻したあと、主に文芸翻訳の分野で活躍。

[解説]

中園 竜之介　Ryunosuke Nakazono

早稲田大学第一文学部卒業。在学時に1年間スペイン・サラマンカ大学文学部に交換留学。大学卒業後、参議院事務局国際部にて議員外交の促進や諸外国の政治・経済調査、国際会議の運営、通訳・翻訳業務に従事。また、神奈川県に出向し、半年間、産業労働局にて県内産業の振興や商談会の運営に携わる。現在、コロンビア大使館通商部で投資アドバイザーとして日本企業のコロンビア進出を支援する。ISSインスティテュートやイスパニカで通訳・翻訳の技術を学び、イスパニカの『中南米経済速報』の翻訳に携わったほか、現在、イスパニカにて小説やエッセイの読解、文法解説、実務翻訳クラスの講師を務めている。

[IBC 対訳ライブラリー]

スペイン語で読む星の王子さま［新版］

2017年9月1日　　初版第1刷発行

2023年10月6日　　新版第1刷発行

原 著 者　　サン＝テグジュペリ

発 行 者　　浦　　晋亮

発 行 所　　IBCパブリッシング株式会社
　　　　　　〒162-0804 東京都新宿区中里町29番3号 菱秀神楽坂ビル
　　　　　　Tel. 03-3513-4511　Fax. 03-3513-4512
　　　　　　www.ibcpub.co.jp

印 刷 所　　株式会社シナノパブリッシングプレス

ISBN978-4-7946-0783-6